세종대왕이 사랑한
조선 최고의
발명가

공부가 되는 위인전 04 장영실
세종대왕이 사랑한 조선 최고의 발명가

초판 14쇄 발행 2025년 6월 13일

글쓴이 | 송윤섭
그린이 | 박은희
펴낸이 | 김사라
펴낸곳 | 해와나무
편집장 | 임수현
디자인 | 한아름
마케팅 | 박선정
출판 등록 | 2004년 2월 14일 제312-2004-000006호
주소 | 서울특별시 영등포구 양산로23길 17 2층
전화 | (02)364-7675(내용), 362-7675(구입) | 팩스 (02)312-7675
ISBN | 978-89-91146-30-3 74910

ⓒ 송윤섭 2005

- 값은 뒤표지에 있습니다.
- 책 내용의 일부 또는 전부를 인용하거나 발췌하려면 반드시 저작권자와 출판사 양측의 서면 동의를 구해야 합니다.

제조자명:해와나무 제조국명:대한민국 제조년월:2025년 6월 13일 대상 연령:8세 이상
전화번호:02-362-7675 주소:서울특별시 영등포구 양산로23길 17 2층
*KC마크는 이 제품이 공통안전기준에 적합하였음을 의미합니다.
주의:책의 모서리에 다치지 않게 주의하세요.

세종대왕이 사랑한 조선 최고의 발명가

글 송윤섭 | 그림 박은희

해와나무

기적을 만들어 낸
시대의 거인, 장영실

　예전 만 원짜리 지폐에는 세종대왕의 초상화와 함께 자동 물시계인 자격루가 그려져 있었습니다. 2009년에 오만 원짜리 지폐가 생기기 전까지 만 원짜리 지폐는 우리나라에서 사용하는 돈 가운데 최고로 가치가 높았습니다. 그런 까닭에 역사상 가장 위대한 임금으로 존경받는 세종대왕의 초상화와 세종대왕이 이룩한 과학 혁명을 상징하는 자격루를 그려 넣은 것이지요. 이 자격루를 만든 사람이 바로 조선 최고의 발명가 장영실입니다.

　장영실은 세종대왕 시절 가장 뛰어난 기술을 지닌 과학자이자 발명가로 천문 관측기구인 간의, 혼천의를 개발하고 해시계인 앙부일구, 자동 물시계인 자격루와 옥루를 발명했습니다. 또한 세계 최초의 우량계인 측우기와 물의 깊이를 재는 수표를 발명하여 홍수 피해를 막기도 했습니다. 이런 뛰어난 발명품들이 있기에, 세종대왕 하면 장영실, 장영실 하면 세종대왕이 자연스럽게 떠오르는 것이지요. 사실 장영실의 위대함은 그의 발명품 때문만은 아닙니다. 진정으로 위대한 것은 자신의 꿈을 이루기 위해 어떤 상황에서도 포기하지 않고 최선을 다했다는 점입니다.

　장영실은 경상도 동래현의 천한 기생의 아들로 태어났습니다. 당시 조선에서는 철저한 신분 제도가 실행되고 있었습니다. 따라서 장영실은 가장 낮은 신분인 노비로 평생을 살 수밖에 없었습니다. 노비 신분으로 자신의 꿈을 이룬다는 것은 거의 불가능한 일이었죠. 그러나 장영실은 용기를 잃지 않고 자신의 꿈을 향해 나아갔습니다. 끊임없는 도전과 노력 덕분에 주위 사람들에게 인정받게 되었고 마침내 세종대왕에게 발탁되어 자신의 꿈을 활짝 펼칠 수 있었습니다.

　우리나라는 전쟁으로 잿더미가 된 땅에서 불과 50여 년 만에 세계적인 국가로 발전했습니다. 현재 우리나라는 무역 강국이며, 세계 최고 수준의 반도체 기술과 통신 기술을 가진 IT 강국이지요. 이런 놀라운 발전을 이룬 것은 어려운 환경 속에서도 꿋꿋이 자신의 꿈을 향해 도전했던 수많은 젊은이들이 있었기 때문입니다.

　꿈을 향한 도전은 놀라운 기적을 만들어 냅니다. 어린이 여러분도 자신이 처한 환경을 탓하거나 힘들다고 포기하지 말고 용기를 내어 자신의 꿈을 이루기 위해 강하게 도전하시길 바랍니다. 그리하여 자신의 삶에 아름다운 기적을 이루길 기원합니다.

송윤섭

차례

별들은 어떻게 움직일까?　　　　　　　9
뜻이 있는 곳에 길이 있다　　　　　　26
꿈꾸는 사람은 아름답다　　　　　　　38
넓은 세상에서 만난 뜻있는 사람들　　56
중국 유학길에 오르다　　　　　　　　78
마침내 벼슬길에 오르다　　　　　　　93
조선 과학의 새 시대가 열리다　　　 107
조선의 시간을 찾아라　　　　　　　116
조선 최고의 발명왕이 되다　　　　　128
아름다운 우리 강산　　　　　　　　135
세계 최초로 측우기를 발명하다　　　144
떨어지는 별　　　　　　　　　　　　153

펼쳐라! 생각그물

역사 박사 첫걸음	조선은 어떤 나라였을까?
역사 꼼꼼 탐구	조선 시대의 과학 수준은 어느 정도였을까?
역사 인물 돋보기	조선 과학의 르네상스 시대를 연 세종대왕
알토란 역사 지식	조선의 과학 발명품 베스트 10
한 걸음 더 역사 정보	조선의 과학을 이끈 인물들
조선사 이색 탐구	조선의 알쏭달쏭 과학사

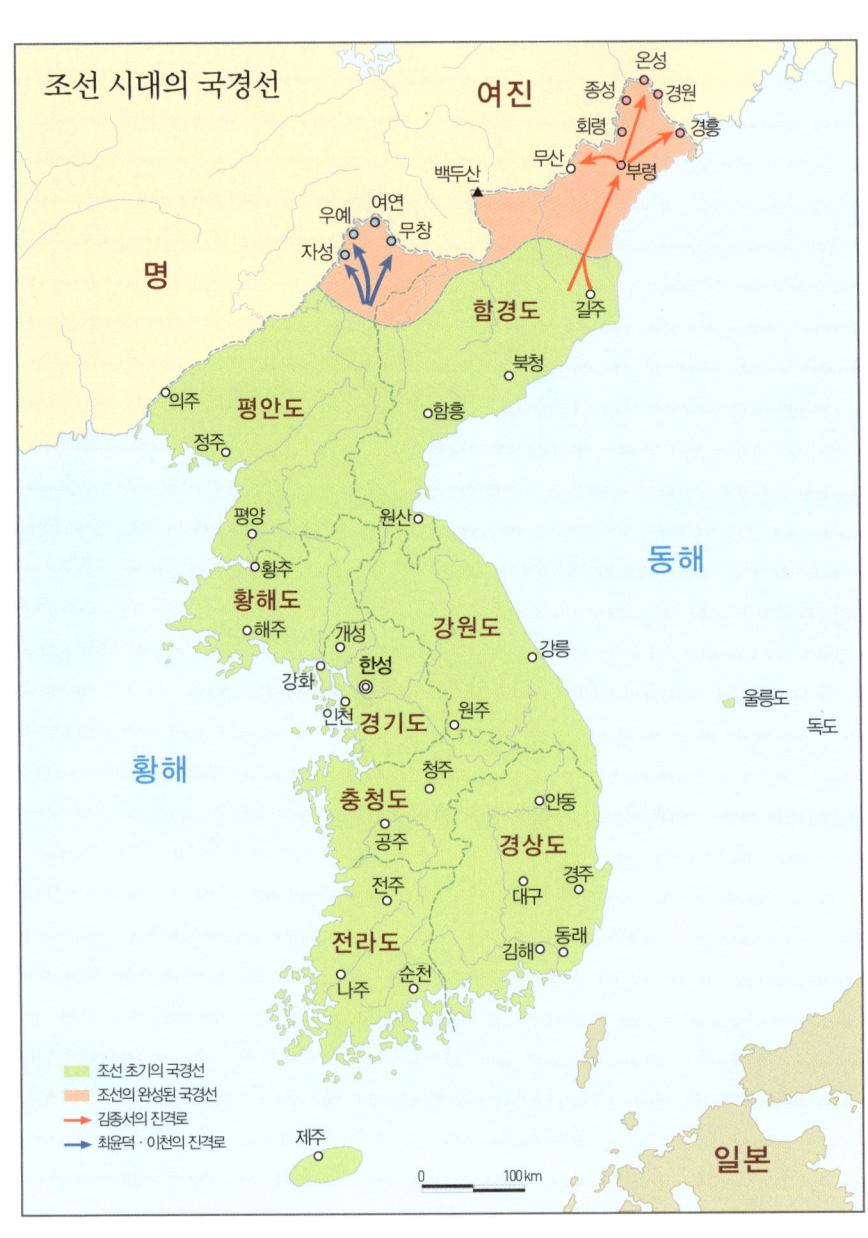

별들은 어떻게 움직일까?

별을 좋아하는 아이

"오늘은 어머니가 왜 이리 늦으시지?"

저녁부터 어린 영실은 사립문을 들락거리며 어머니를 기다렸다. 그러나 이미 해가 져 깜깜해진 길에는 아무 인기척도 없었다.

영실은 몹시 배가 고팠다. 어머니가 돌아오지 않아 아직 저녁을 못 먹은 탓이었다.

부엌에 들어가 물 한 바가지를 떠먹은 영실은 툇마루에 쪼그리고 앉아 하늘을 바라보았다. 밤하늘에는 셀 수 없이 많은 별들이 저마다 아름다운 빛을 내며 반짝이고 있었다.

'저 별들은 어디에 숨어 있다가 밤만 되면 나오는 걸까?'

어린 영실은 유난히 별을 좋아했다. 밤하늘에 별들을 보고 있자면 마치 딴 세상에 있는 것 같은 착각이 들곤 했다.

영실은 동래현* 관기의 아들로 태어났다. 관기란 관청에 딸린 기생으로 관청에 손님이 오거나 잔치가 열릴 때, 춤을 추고 노래를 부르며 술 시중을 드는 아주 낮은 신분에 속하는 사람이었다.

영실의 아버지는 장씨 성을 가진 지체 높은 양반이었다. 아버지는 나랏일로 동래현에 잠시 머무는 동안 관기인 어머니와 사랑에 빠졌다. 하지만 신분이 다른 두 사람의 사랑은 이루어질 수 없었고, 결국 아버지가 떠난 뒤에 어머니는 홀로 영실을 낳았다.

장영실의 출생에 얽힌 이야기

장영실의 본은 충청남도 아산으로, 송나라 대장군 장서가 아산 장씨의 시조이다. 장서는 금나라의 침입에 맞서 싸울 것을 주장하다가 좌절되자 가족들을 이끌고 고려의 아산에 정착해 살았다. 고려 예종은 그에게 아산을 식읍으로 주고 우대했으며, 이후 자손들은 고려에서 높은 벼슬을 지냈다. 아산 장씨의 세보(조상 대대로 내려오는 혈통과 집안의 역사에 대한 기록을 모아 엮은 책)에 의하면, 장영실의 아버지의 이름은 성휘이고, 장영실은 동래에서 태어났다고 되어 있다. 장영실의 가문은 대대로 고려 조정에서 무인으로 높은 벼슬을 했던 것으로 보인다.

*현 : 신라 때부터 조선 말기까지 지방에 두었던 가장 작은 단위의 지방 행정 구획

관기의 아들로 태어난 영실은 어머니의 낮은 신분을 이어받아 나이가 차면 관청의 노비로 들어가야 할 운명이었다. 그런 까닭에 어린 영실은 또래 친구들에게 자주 놀림을 받곤 했다.

"기생 아들 주제에!"

"네 엄마는 남자들 앞에서 술도 따르고 춤도 춘다며?"

또래 녀석들은 심술이 날 때마다 영실을 향해 이렇게 놀려 댔다. 그럴 때면 어린 영실은 너무 속이 상해 울면서 집으로 뛰어갔다.

"엄마! 기생 안 하면 안 돼? 친구들이 놀린단 말이야. 흑흑!"

어린 영실이 치맛자락을 붙잡고 이렇게 울부짖을 때면 어머니의 마음은 한없이 무너져 내렸다. 그때마다 어머니는 아버지 얘기를 들려주며 우는 영실을 달랬다.

"영실아, 울지 마. 비록 네 어미는 이렇게 천한 기생이지만 네 아버지는 아주 훌륭한 분이란다. 네 몸에는 아주 지체 높은 가문의 피가 흐르고 있어. 그러니 울지 마. 영실이 너는 이다음에 틀림없이 훌륭한 사람이 될 거야."

"아버지가 누군데? 왜 한 번도 나타나지 않는 거야?"

영실은 어머니에게 따져 물었다.

하지만 어머니는 아버지의 성씨가 아산 장씨라는 것만 알려 주고 더 이상 자세한 이야기는 하지 않았다. 그저 영실의 등을 토닥이며 눈물을 흘릴 뿐이었다.

영실은 나이에 맞지 않게 영특한 아이였다. 이런 일이 몇 번 반복되자 자신의 말이 어머니를 몹시 힘들게 한다는 걸 알아차렸다.

'이제 다시는 바보같이 울지 않을 거야. 놀리려면 놀리라지 뭐. 누가 뭐래도 난 우리 어머니 아들이고 훌륭한 아버지의 성품을 물려받은 아이라고!'

이렇게 속으로 다짐한 뒤엔 친구들이 아무리 놀려 대도 두 번 다시 울지 않았다. 그 대신 혼자 노는 시간이 많아지고, 또래 친구들보다 생각이 깊은 아이가 되었다.

'어? 며칠 전에는 저 별이 저기 있지 않았는데.'

어머니를 기다리며 별을 바라보던 영실은 별들이 한곳에 머무는 것이 아니라 날마다 움직인다는 걸 알아차렸다. 그러자 갑자기 강한 호기심이 발동했다.

'별들은 왜 움직일까? 어떻게 움직일까?'

영실은 별을 자세히 관찰해 보기로 작정했다.

"영실아. 많이 기다렸지?"

그때 마침 어머니가 돌아왔다.

"한양에서 오신 손님 때문에 잔치가 늦게 끝났구나. 우리 아들 배고팠지?"

어머니는 술을 한잔했는지 얼굴에 붉은 홍조를 띠고, 술 냄새를 약하게 풍기고 있었다.

"아니요, 별들이랑 잘 놀았는걸요."

"별들이랑 놀아? 우리 영실이는 좋겠네. 저렇게 많은 별들을 친구로 두었으니."

어머니는 영실의 밝은 표정을 보자 마음을 놓으며 잔치에서 얻어 온 음식으로 맛있는 저녁상을 차렸다.

영실은 세상이 온통 궁금한 것투성이였다.

'해와 달은 왜 생겼을까? 낮과 밤은 왜 생길까?'

하지만 그런 궁금증에 시원하게 답해 줄 사람이 없었다. 나름대로 골똘히 생각도 해 보고 자세하게 관찰도 해 보았지만, 어린 영실에게는 너무 어려운 문제였다.

다음 날 아침, 어머니는 관청으로 나가기 전 영실을 불러 앉히더니 책을 한 권 내밀었다.

"이제부터 저녁마다 글공부를 할 터이니 그리 알고 준비하거라."

　어머니는 글을 읽고 쓸 줄 알았다. 당시 기생은 지체 높은 양반들의 시중을 들어야 했기에 노래나 춤 외에도 글을 읽고 시 짓는 법도 배워야 했다.

　"네 비록 천한 기생의 아들로 태어났지만 사람은 글을 배워야 훌륭한 일을 할 수 있단다. 아무리 좋은 재주를 가졌다고 해도 글을 배우지 않으면 큰 사람이 될 수 없다. 글을 배워야 선인들의 지혜를 배울 수 있고, 나아가 세상의 이치를 알 수 있게 되는 법이야. 그러니 이제부터는 글공부에 정성을 다하거라."

　영실은 어머니 말씀에 뛸 듯이 기뻤다. 그렇지 않아도 친구들이 서당에 나가 글공부하는 것이 부럽기만 하던 터였기 때문이다.

　영실은 어머니가 주신 책을 가슴에 안고 설레는 마음으로 저녁 시간을 기다렸다. 어머니는 저녁이면 어김없이 글을 가르쳤고, 영실은 기쁜 마음으로 글을 익혔다. 유난히 호기심이 많았던 영실은 글공부에도 큰 진전을 보였다.

　또한 영실은 손재주도 뛰어났다. 혼자 노는 시간이 많은 영실은 주변에서 흔히 구할 수 있는 나뭇조각, 돌, 깨진 그릇, 버려진 쇠붙이 따위를 가지고 여러 가지 장난감을 스스로 만들어 놀았다.

영실이 만든 장난감은 정교하고 단단해서 아이들에게도 인기가 좋았다.

그중에서도 팽이는 중심이 잘 잡혀 여느 팽이보다 돌리기가 쉬웠고 오래도록 쓰러지지 않았다. 짓궂게 영실을 놀리던 동네 아이들도 앞다퉈 팽이를 만들어 달라고 부탁했다. 그럴 때면 영실은 아무 말 없이 팽이를 만들어 주었다.

영실은 망가진 농기구나 아이들 썰매 따위도 곧잘 고쳤는데, 어린아이의 솜씨라곤 믿을 수 없을 정도로 완벽했다.

"허, 조그만 녀석이 손끝이 아주 맵구먼."

동네 어른들도 어린 영실의 머리를 쓰다듬으며 대견해했다.

이렇게 되자 마을 아이들이 영실을 놀리는 일은 점점 줄어들고, 오히려 도움을 청하는 경우가 많아졌다.

물싸움에서 통쾌하게 승리하다

어느 날 이웃집에 사는 덕배 녀석이 허겁지겁 뛰어와서는 영실을 불렀다.

"영실아! 빨리 좀 나와 봐."

"무슨 일인데?"

"냇가에서 윗동네 애들이랑 물싸움이 붙었는데, 우리가 계속 지고 있어. 아무래도 네가 좀 도와줘야겠어."

덕배가 손목을 잡아끌며 소리쳤다. 영실은 덕배와 함께 후닥닥 밖으로 달려 나갔다.

냇가에 도착해 보니 한껏 기가 산 윗동네 아이들이 소리를 지르며 뛰어다니고 있었다.

"얘들아! 영실이 데리고 왔다."

덕배가 소리쳤다.

"야, 너희 동네에는 그렇게 인물이 없냐? 기껏 데려온다는 게 기생 아들이게."

윗동네 아이 중 대장인 듯한 덩치 큰 녀석이 이죽거렸다. 영실은 가슴에 불이 확 일었지만 애써 참았다. 아이들은 계속 지기만 해서인지 시무룩한 표정으로 땅만 내려다보고 있었다.

"얘들아, 다시 한번 해 보자."

영실이 신발을 벗고 냇물로 들어가며 소리쳤다.

아이들은 다시 둑을 쌓기 시작했다.

물싸움이란 냇물이 좁게 흐르는 곳에서 모래로 둑을 쌓아 서로 겨루는 놀이로, 공격하는 편은 위쪽에 둑을 쌓아 물을 막고 수비하는 편은 아래쪽에 둑을 쌓는다. 양쪽이 모두 둑을 완성하면 공격하는 편이 둑을 터뜨려 물을 한꺼번에 흘려보낸다. 이때, 그 물에 아래쪽 둑이 무너지면 공격하는 편이 이기는 것이고, 무너지지 않으면 수비하는 편이 이기는 것이다.

"어? 저 녀석들 봐라. 무슨 뚝을 저렇게 쌓지?"

윗마을 아이 중 하나가 말했다.

"하다 하다 안 되니까 별 이상한 짓을 다 하는구나!"

"야, 놔둬라! 기생 아들 놈이 별 재주 있으려고."

윗동네 아이들이 낄낄거리며 놀려 댔다.

영실은 아래쪽을 두툼하게, 그리고 사선으로 비스듬하게 둑을 쌓아 나갔다.

"영실아, 이렇게 이상하게 쌓아서 되겠냐?"

친구들이 의심스러운 듯 물었다.

"아래쪽을 두껍게 쌓으면 둑이 튼튼해지고, 둑을 사선으로 비스듬히 쌓으면 물살이 비껴 나가게 되니 물의 힘이 약해져. 그리고 이렇게 둑 앞에 큰 웅덩이를 파 놓으면 급하게 내려오던 물살이 고이면서 힘을 잃게 돼."

영실의 차분한 설명을 듣고, 아이들은 두말 않고 둑을 쌓아 나갔다.

얼마 뒤, 둑이 모두 완성되었다.

"자, 물 내려간다! 기생 아들놈 코를 납작하게 해 주마!"

윗동네 아이들이 크게 소리치며 물을 막았던 둑을 터뜨렸다. 고였던 물이 한꺼번에 쏟아져 내려오면서 큰 물살을 만들었다. 그러나 급하게 흐르던 물살은 둑 앞에 파 놓은 웅덩이에 이르자 갑자기 속도가 줄었다. 웅덩이에 물이 넘치면서 물살이 아래 둑에 부딪혔지만, 한번 힘을 잃은 물은 비스듬히 쌓은 둑을 타고 흐르면서 완전히 힘을 잃어버렸다.

"와! 이겼다!"

영실과 아이들이 두 손을 쳐들고 환호성을 질렀다. 그러자 윗마을 아이들이 발을 동동 구르며 억울해했다.

"자, 이제 우리가 공격할 차례다!"

덕배가 소리 지르며 냇물 위쪽으로 달려갔다. 영실과 아이들도 기가 살아 소리치며 따라갔다.

"어쩌다 한 번 이긴 걸 가지고! 이번엔 정말 확실하게 보여 주자!"

윗마을 아이들도 다시 기운을 내 둑을 쌓기 시작했다.

"우리 둑을 한꺼번에 무너뜨리지 말고, 수비 둑의 약한 곳을 찾아 그 방향으로 반만 무너뜨려! 그러면 물살이 훨씬 빨라지고 힘이 세져서 수비 둑을 쉽게 무너뜨릴 수 있어."

영실이 아이들에게 요령을 가르쳐 주었다.

"자, 물 내려간다!"

아이들은 둑 한쪽만 무너뜨려 영실이 가리키는 곳을 향해 물을 내려보냈다. 좁은 통로로 빠져나간 물은 빠른 속도로 수비 둑의 약한 곳을 때렸다. 그러자 둑은 물살을 견디지 못하고 순식간에 무너지고 말았다.

"와, 또 이겼다!"

영실과 아이들은 서로 부둥켜안고 펄쩍펄쩍 뛰며 기뻐했다.

윗동네 아이들이 씩씩거리며 계속 도전했지만 영실이 정확히 약한 곳을 찾아 공격하는 바람에 둑은 번번이 쉽게 무너졌다. 결국 윗동네 아이들은 패배를 인정하지 않을 수 없었다.

기운이 빠져 돌아가는 윗동네 아이들을 뒤로 하고 영실과 친구들은 개선장군처럼 의기양양하게 마을로 돌아왔다.

관노가 된 어린 영실

어느덧 해가 몇 번 바뀌어 영실은 열 살이 되었다. 신분 제도에 따라 관기의 아들은 열 살이 되면 관청의 노비가 되어야 했다. 영실이 관노로 들어갈 때가 된 것이다.

어느 날, 일찍 돌아온 어머니는 영실에게 맛있는 저녁상을 차려 주었다.

며칠 전부터 슬픔에 잠겨 있던 어머니가 말문을 열었다.

"너도 이제 나이가 찼으니 내일부터 동래현의 노비로 일을 해야 한다. 이것이 우리의 운명이니 어쩌겠니. 천한 어미를 만나 네가 고생이구나. 흑!"

어머니는 참았던 울음을 터뜨렸다.

"어머니, 울지 마세요. 전 괜찮아요. 동래 현청에 가서도 잘할 수 있을 거예요. 그러니 슬퍼하지 마세요."

영실이 어머니의 손을 꼭 잡고 말했다. 어른처럼 얘기하는 영실을 보니 어머니의 가슴은 더욱 찢어질 듯이 아팠다.

"네 비록 노비 신분이지만 열심히 살다 보면 언젠가 좋은 기회가 올 것이다. 너에게는 훌륭한 아버지의 피가 흐르고 있다는 것을 늘 마음에 새기고 있거라. 너에게 큰 힘이 될 것이야. 이 어린 것을……, 흑흑!"

결국 어머니는 슬픔을 참지 못하고 영실을 끌어안고 흐느껴 울었다. 영실도 슬픔이 복받쳐 올라 어머니의 품에 안겨 눈물을 흘렸다.

그날 밤, 영실은 잠을 이룰 수가 없었다. 새로이 시작될 관청 생활에 대한 두려움과 설렘 때문이었다. 어머니 역시 잠을 못 이루는지 뒤척이는 소리가 새벽까지 이어졌다.

노비는 어떤 사람들이었을까?

조선 시대에는 사람의 신분을 양반, 중인, 상민, 천민으로 나누었다. 노비, 백정, 재인(광대)은 가장 낮은 신분인 천민에 속했다. 노비는 주인의 소유물로 양반가에서 토지 다음으로 가장 중요한 재산이기도 했다. 서로 주인이 다른 남자 종과 여자 종이 결혼하여 아이를 낳으면 여자 종의 주인이 아이를 소유하였다. 그래서 남자 종이 주인이 다른 여자 종과 결혼을 하기 위해서는 자기 주인의 허락이 필요했다. 노비를 셀 때는 입구(口) 자를 사용했는데, 이는 가축을 셀 때 쓰는 단위였다.

다음 날, 영실은 어머니를 따라 집을 나섰다. 친구들과 동네 사람들이 모두 나와 떠나는 영실을 안타까운 마음으로 지켜보았다. 같은 동네에 살아도 이제 관노로 들어가면 자주 볼 수 없을 터였다.

영실은 발길이 떨어지지 않았지만 애써 뒤돌아보지 않고 묵묵히 걸음을 옮겼다.

뜻이 있는 곳에 길이 있다

관청에서 손재주를 발휘하다

"새로 들어온 노비이옵니다."

이방이 사또에게 영실을 소개했다. 영실은 마당에 엎드려 큰절을 올렸다.

"고개를 들어 보거라."

사또가 영실의 얼굴을 이리저리 살펴보더니 물었다.

"네가 장영실이냐?"

영실은 얼굴을 들고, 차분히 대답하였다.

"예, 그러하옵니다."

영실의 얼굴을 한참 바라보던 사또가 친근한 미소를 띠며 말했다.

"이 아이는 아직 어리니 재복 영감에게 일을 하나씩 가르치라 일러라!"

사또에게 인사를 마친 영실은 곧 재복 영감이라 불리는 마음씨 좋게 생긴 노비에게 보내졌다.

"그놈 참 똑똑하게 생겼구나."

재복 영감이 영실의 머리를 쓰다듬으며 말했다.

다음 날부터 시작된 관청 생활은 어린 영실에게 절대 만만치 않았다. 영실은 매일 아침 새벽같이 일어나 동래 현청으로 출근해 마당부터 쓸었다. 마당을 쓸고 나면 부엌에서 땔나무 단을 나르고, 마구간 청소를 하다 보면 어느새 점심때가 다 되었다. 점심을 먹고 나면 현청에 딸린 각종 창고 청소와 아전들의 심부름을 해야 했다. 그러다 보면 어느덧 날이 저물어 있었다.

하루하루 힘든 생활의 연속이었지만 영실은 집에 와 그날 글공부까지 마친 뒤에야 잠을 잤다. 이렇게 열심히 살다 보니 영실은 관청 생활에 금세 익숙해졌다. 여기에는 재복 영감의 보살핌도 한

몫했다. 재복 영감이 눈치껏 편한 일을 할 수 있도록 영실을 배려해 주었기 때문이다.

몇 해가 지나 관청 생활에 완전히 익숙해지자 영실은 자신의 손재주를 발휘하기 시작했다. 오랫동안 버려져 있던 각종 공구며 농기구 들을 손질해 마치 새것처럼 만들었다.

그뿐만 아니라 부서진 말안장, 내려앉은 우마차, 망가진 문짝도 영실의 손을 거치기만 하면 모두 깨끗하게 고쳐졌다. 이렇게 되자 현청 사람들은 무엇이든 고칠 일이 있으면 영실을 찾게 되었다.

영실은 별을 관찰하는 일도 다시 시작했다. 저녁에 일이 끝나고 나면 곧장 현청 뒤뜰에 있는 작은 언덕으로 올랐다. 그곳에서는 밤하늘의 별들이 한눈에 들어왔다. 영실은 매일매일 별들의 움직임을 관찰했다. 무슨 까닭인지 별을 관찰하는 일이 무엇보다 즐거웠다.

관노의 역할

관청에 소속되어 일하는 노비를 '관노(비)'라 불렀고, 개인에게 속한 노비를 '사노(비)'라고 불렀다. 관노는 관원의 먹을거리 조달을 비롯해서 빨래나 청소 같은 각종 허드렛일을 담당했다. 관노는 관의 소유 재산이기는 하나 수령이라고 해도 함부로 목숨을 빼앗을 수는 없었다. 관노는 사노와는 달리 자기 재산을 모을 수도 있어 토지를 소유하기도 했다.

안방마님의 장을 고치다

그러던 어느 날이었다. 갑자기 현청 안이 소란스러웠다. 안방마님이 쓰던 장의 자물쇠가 고장이 난 것이었다. 그런데 이 장은 사또의 조상님이 임금님에게 하사받아 대대로 물려 내려오던 귀한 것이어서 함부로 다룰 수가 없는 물건이었다.

"여봐라! 당장 동래현을 다 뒤져 자물쇠를 고칠 만한 기술자를 찾아 오너라!"

사또가 명령을 내렸다. 그때 재복 영감이 나서서 아뢰었다.

"사또 나리, 영실이가 손재주가 뛰어나니 한번 맡겨 보시면 좋을 듯합니다."

"그래? 그럼, 어서 영실이를 찾아 오너라!"

사또의 부름을 받은 영실이 달려와 머리를 조아렸다.

"네가 고칠 수 있겠느냐? 아주 귀한 장이니 혹시 상처라도 나면 큰일이니라!"

사또가 애가 타서 말했다.

"사또 나리, 우선 한번 살펴보고 말씀드리겠습니다."

영실이 공손하게 대답하고는 성큼성큼 장으로 다가가 자물쇠를 살펴보았다. 사또를 비롯한 현청 식구들이 숨을 죽이고 영실의 손

끝을 바라보았다.

이리저리 자세히 살펴보던 영실이 마침내 입을 열었다.

"사또 나리, 자물쇠 안에 작은 쇳조각이 끼어 고장이 난 것이옵니다. 아무래도 오래되어 열쇠 끝이 부러진 모양입니다. 그것이 자물쇠 틈에 낀 것 같고요."

"그래? 네가 고칠 수 있겠느냐?"

사또가 기뻐하며 물었다.

"예, 제가 고쳐 보겠습니다."

영실은 곧 창고로 달려가 나무망치를 들고 왔다. 그러고는 고장 난 자물쇠를 거꾸로 들어 올려 나무망치로 세게 내리쳤다.

"애야! 살살해라. 그러다 망가지겠다!"

사또가 놀라 소리쳤다.

그러나 영실은 아랑곳하지 않고 몇 번을 더 내리쳤다. 그러자 달그락 소리를 내며 쇳조각 하나가 방바닥으로 떨어졌다.

"바로 이놈이옵니다."

영실이 쇳조각을 들어 사또에게 보여 주었다. 떨어진 쇳조각을 열쇠에 대어 보니 열쇠에서 떨어져 나간 것이 분명했다. 영실은 열쇠를 들고 나가 부러진 곳을 갈아 내고 쇠를 다시 두드려 원래 모양으로 만들었다. 새로 만든 열쇠로 자물쇠를 여니 '딸깍' 하고 쉽게 열렸다. 자물쇠도 상처 하나 없이 깨끗했다.

"허, 놀라운 재주구나!"

사또가 감탄하며 자물쇠를 이리저리 살펴보았다.

다양한 기술을 배우다

이 일이 있고 난 뒤, 사또는 자주 영실을 불렀다.

어느 날이었다. 영실이 부름을 받고 달려가니 사또 앞에 책 여러 권이 놓여 있었다.

"듣자하니 네가 글도 읽을 줄 알고, 별을 관측하는 일에도 관심이 많다고 하더구나."

"별것 아니옵니다. 글은 어미로부터 조금 배워 그저 읽는 정도이옵고, 별을 보는 것도 그저 제가 좋아 소일거리로 하는 것이옵니다."

영실이 머리를 조아리며 겸손하게 말했다.

"그동안 지켜보니 넌 뛰어난 재주를 타고난 것이 틀림없다. 이것은 천문과 지리, 그리고 각종 기계에 관련된 책이니 가져다 읽고 부지런히 기술을 배우거라. 네 비록 천한 노비 신분이지만 훌륭한 재주는 언젠가 크게 쓰일 데가 있을 게야. 그러니 내 말 명심하고 글공부 게을리하지 말거라."

"사또 나리, 천한 저를 이렇게 생각해 주시니 정말 몸 둘 바를 모르겠습니다."

영실은 머리를 깊이 숙여 다시 한번 사또의 은혜에 감사드렸다.

사또는 이 밖에도 영실에게 허드렛일을 시키지 않도록 지시하여 영실이 기술을 *연마할 수 있도록 챙겨 주었다.

'사또 말씀이 옳아! 어머니도 그렇게 말씀하셨지. 계속 실력을 쌓아 간다면 언젠가는 내게도 기회가 올 거야!'

집에 돌아와 책을 펼쳐 든 영실은 또 한 번 깊이 다짐했다.

영실은 사또가 내준 책을 읽고 또 읽었다. 책에는 그동안 혼자서 궁리하며 궁금해했던 많은 질문의 해답이 들어 있었다. 영실은 마치 목마른 사람처럼 책 속의 지식들을 자기 것으로 만들어 갔다.

사또는 영실의 기술이 나날이 늘어가는 것을 보며 흐뭇해했다. 이제 사또는 나라에 보고하는 천문 기상 등에 관한 일을 처리할 때마다 영실을 불러 의견을 물었다.

또한 사또는 비의 양을 기록하는 일을 아예 영실에게 맡겼다. 각 현에서는 비가 그치고 난 뒤 땅을 파서 빗물이 스며든 깊이를 재어 비의 양을 알아냈다.

그런데 비가 온 뒤 땅을 팔 때마다 영실은 이런 의문이 들었다.

'꼭 땅을 파서 비의 양을 재어야 할까? 땅은 계절이나 장소에 따

*연마 : 학문이나 기술을 힘써 배우고 닦음

라 그 성질이 달라 같은 양의 비가 내려도 어떤 때는 깊이 스미고 어떤 때는 얕게 스미게 된다. 그렇다면 땅에 스민 빗물의 깊이를 재서는 정확한 비의 양을 잴 수 없지 않은가? 무슨 좋은 방법이 없을까?'

영실은 궁리 끝에 편리하면서도 항상 일정하게 비의 양을 잴 수 있는 방법을 생각해 냈다. 장독대 위에 장독 뚜껑을 뒤집어 놓고 비가 그치면 그 안에 고인 물의 깊이를 재어 양을 기록하는 방법이었다. 이렇게 하니 동래현에 내린 비의 양은 어느 정도 정확하게 잴 수 있었다.

이 일을 알게 된 사또는 무릎을 탁 치며 감탄했다.

"정말 기가 막힌 방법이로구나! 어찌 그런 생각을 했을고!"

"아직은 임시로 그리 해 본 것입니다. 지금의 장독 뚜껑으로는 비의 양이 아주 적거나 많을 때는 정확한 양을 잴 수가 없습니다."

"그래, 더 연구를 해야 할 테지. 하지만 조금 미뤄 두거라. 그것보다도 올해 왜나라에 태풍과 지진이 심할 것이라는 정보가 있다. 만일 그것이 사실이라면 농사가 엉망일 테니, 추수철에 왜구들이 쳐들어올지도 모르겠구나. 그때를 대비해서 병장기들을 손보아야 하겠는데, 이 일을 너만큼 잘할 사람이 있겠느냐. 오늘부터는 병기 창고에 나가 병장기를 수리하고 개선하는 일에 있는 힘을 다하거라."

영실은 그날부터 각종 병장기의 쓰임새부터 면밀하게 조사하기 시작했다. 그러고는 수리할 것과 개선할 것을 나누어 차근차근 손을 보았다.

오래 사용하여 낡은 창대는 단단한 나무를 구해 모두 바꾸고, 창날도 숫돌에 날카롭게 갈았다. 창고에 오래 있어 눅눅해진 활과 화살 들은 모두 꺼내어 햇볕에 잘 말리고 휘어지거나 부러진 것들이 있으면 고쳐서 언제든지 사용할 수 있도록 정리했다. 활은 다시 아교 칠을 하여 단단하게 고정하고 늘어진 활줄도 새것으로 교체했다.

이 밖에도 영실은 군사들에게 병장기를 직접 사용하게 하여 개선할 점을 철저하게 찾아냈다. 그런 다음 창의 길이나 화살의 무게 등을 조절하고, 장검을 사용하기 쉽도록 개량했다.

"창 길이를 조금 조절했을 뿐인데, 이렇게 다루기가 쉽다니!"

"이 활로 쏘면 화살이 전보다 오십 보는 더 나가겠는걸."

영실이 개선한 병장기를 사용해 본 군사들은 훨씬 다루기가 편해졌다고 좋아했다.

얼마 뒤, 영실의 소문은 경상도 일대에 퍼져 나가 각 현에서 병기를 담당하는 관리들이 기술을 배우려고 앞다투어 영실을 찾아왔다.

영실은 이들에게 자신이 조사하고 실험해서 얻은 기술을 성심껏 가르쳐 주었다.

하지만 영실도 할 수 없는 일이 있었는데, 그것은 대포와 화약에 관한 것들이었다. 이들 무기는 나라에서 직접 관여하여 만들었기 때문에 동래현에서는 개량할 수 없는 무기였다. 그래서 영실은 이런 무기들을 깨끗하게 손질하여 정리하는 한편, 꼼꼼히 관찰하고 원리를 따져 개선할 점을 사또에게 보고했다.

꿈꾸는 사람은 아름답다

신분이라는 꼬리표

해가 산마루에 걸리자 긴 산그림자가 마을을 덮었다. 마을 곳곳에서 저녁 짓는 연기가 하나둘 피어오르기 시작했다.

영실은 병기 창고에서 시간 가는 줄 모르고 작업에 열중하고 있었다. 한참 만에야 고개를 들고 이마에 땀을 닦는 영실의 얼굴에 저녁놀이 번져 붉게 빛났다.

"영실아, 이제 그만하고 쉬어야지."

건물 모퉁이를 돌아 나온 재복 영감이 다가서며 말했다.

"그렇지 않아도 오늘은 이만 끝내려고 합니다."

영실은 손질하던 활을 창고에 넣고 펼쳐 놓았던 연장들을 주섬주섬 정리하기 시작했다.

"세상에, 어쩜 저렇게 새것같이 만들어 놨누!"

재복 영감이 창고 안을 들여다보며 감탄했다.

창고 안에는 창, 칼 등 각종 병장기들이 잘 정돈되어 있었다. 병장기들은 하나같이 단단하고 날카롭게 다듬어져 있었는데, 한눈에 보아도 뛰어난 기술자의 솜씨임을 알 수 있었다.

"이제 거의 마무리가 되어 가는 것 같네요."

영실은 뿌듯한 마음으로 창고 안을 휘둘러보았다. 영실의 손을 거친 병장기들이 저녁놀에 비쳐 붉은빛을 반사하고 있었다.

"하여간 자네 솜씨는 알아줘야 해. 우리 동래현의 자랑이라니까."

"별말씀을요. 그저 할 일을 한 것뿐인데요, 뭐. 어서 가시죠."

영실은 연장을 챙겨 들고 행랑채로 향했다.

"허, 정말 아까운 녀석이야. 그 재주에 신분만 제대로 타고났으면……. 하지만 언젠가는 큰일을 해낼 거야. 틀림없어, 암."

재복 영감이 성큼성큼 걸어가는 영실을 뒤따르며 나지막이 중얼거렸다.

해가 산 너머로 넘어가며 두 사람의 어깨 위로 마지막 빛을 뿌렸다.

연장을 정리하고 손을 씻은 영실은 동래 현청 뒤뜰에 있는 작은 언덕을 향해 천천히 걸었다.

"이봐, 영실이. 또 별 보러 가는가?"

뒷문을 지키던 턱수염이 덥수룩한 포졸이 말을 걸었다.

"별이 뭐 볼 게 있다고. 저녁마다 밤마실이야. 고단한데 집에 가서 잠이나 자지."

"무식하긴. 영실이가 어디 별 구경만 하는가. 별을 연구하는 거라고."

짝이 되어 지키던 키 작은 포졸이 나서며 한마디 했다.

"나도 알아, 이 사람아. 낮에 뼈 빠지게 일했으니 저녁엔 좀 쉬어야 하는데 날마다 저러고 있으니 걱정이 돼서 하는 말이지. 그리고 자네는 영실이가 뭘 연구하는지는 자세히 알고 나한테 무식하다고 하는 거야?"

"뭐긴 뭐야. 별 연구지."

"어떤 별을 연구하는지 아냔 말이야. 이 무식한 친구야."

"뭐!"

"아저씨들 싸우지 마세요. 제가 하는 일은 별거 아니에요. 그저 하늘에 있는 별들이 어떻게 움직이나 궁금해서 날마다 지켜보는 것뿐이에요."

"거봐, 내 말이 맞잖아! 별 연구를 한다고 하잖아."

"저리 비켜, 이 사람아. 그래, 그게 그렇게 재미있나?"

턱수염이 난 포졸이 짝을 밀치며 영실에게 물었다.

"그럼요. 저기 저 북쪽 하늘에 유난히 반짝이는 별 보이시죠? 저 별이 북극성이에요. 하늘에는 셀 수 없이 많은 별들이 있지만 모두 북극성을 중심으로 일정하게 돌고 있어요. 그 별들의 움직임을 잘 관찰하면 시간이나 계절의 변화를 알 수 있을 것 같아서요."

영실이 밤하늘을 가리키며 설명했다.

"듣기만 해도 머리가 아프네. 어째 그런 일이 재미있을까? 그저 해 뜨면 일어나고, 배고프면 밥 먹고, 또 해가 지면 자고 하면 되는 거지. 시간이 뭐 필요한가 말이야."

"그러니까 자네가 무식하다는 거야, 이 친구야."

키 작은 포졸이 다시 끼어들었다.

"또 무식하다고 하네. 그런 자넨 얼마나 유식한가?"

턱수염이 난 포졸이 부아가 나서 소리쳤다.

"시간과 계절을 미리미리 알아야 농사를 잘 지을 거 아닌가. 영실아, 내 말이 맞지?"

"예, 맞아요. 농사에 큰 도움이 되죠. 그 밖에도 하늘을 관찰하면 여러 가지 이로운 정보를 얻을 수 있어요."

"거봐, 무식한 친구야. 내 말이 맞다잖아."

"흠흠, 알았어. 알았다고. 그래, 너 유식하다."

턱수염이 난 포졸이 조금 기죽은 목소리로 말했다. 그러곤 얼른 화제를 돌렸다.

"그나저나 지난번에 고쳐 준 반닫이는 아주 잘 쓰고 있네. 어찌나 튼튼하게 고쳤는지 우리 집사람이 아주 좋아해."

그러자 키 작은 포졸이 다시 끼어들었다.

"영실이 솜씨야 늘 최고지. 언제 시간 좀 내서 우리 집에도 들러 주게. 마누라가 쓰던 물레가 망가져서 말이야."

"내일 점심때 들러서 고쳐 드릴게요. 그럼 두 분 수고하세요. 저는 그만 가 볼게요."

영실은 흔쾌히 대답하고는 언덕으로 발길을 돌렸다.

"정말 착하고 재주 많은 사람이야."

"그럼 뭐하나. 천한 노비 신세인걸. 쯧쯧, ……정말 아까워."

언덕을 오르는 영실의 뒤로 두 포졸이 나누는 소리가 조그맣게 들렸다.

서늘한 바람 한 줄기가 영실의 가슴 한편을 뚫고 지나갔다.

영실은 언덕에 있는 작은 바위 위에 걸터앉아 밤하늘을 올려다보았다. 오늘은 달도 일찍 기울어 유난히 별들이 빛났다.

'신분은 누가 만든 걸까? 난 왜 노비로 태어났을까? 평생 이렇게 살아야 할까?'

영실은 이런저런 생각으로 가슴이 답답했다. 어린 시절부터 수도 없이 들었던 말이건만 아직도 익숙해지지가 않았다.

'왜 난 천한 신분의 어머니에게서 태어나 이런 신세가 됐을까?'

생각은 또 다른 생각을 낳아 영실은 이내 우울해졌다. 그렇지만 어머니를 생각하자 가슴이 뭉클해지며 금세 코끝이 시큰해졌다.

"어머니!"

영실은 조그맣게 어머니를 불렀다. 아비 없이 자라는 어린 아들이 상처를 받을까 봐 무던히도 고생하던 어머니. 자신이 관청 노비로 들어가기 전날 밤, 밤새 숨죽이며 울던 어머니의 모습이 떠오르자 슬픔이 복받쳤다.

고개를 떨어뜨리고 한참을 흐느끼던 영실은 눈을 들어 밤하늘을 보았다. 눈물로 흐릿해진 시야에 북극성이 들어왔다.

'어머니를 생각해서라도 약해지면 안 돼! 난 저 북극성처럼 빛나는 사람이 될 거야. 임금님과 백성을 위해 큰일을 하는 사람이 될 거야! 그래서 어머니를 *면천시켜 드리고, 좋은 집에서 편안히 살게 해 드릴 거야!'

영실은 눈물을 닦으며 다시 한번 결심을 다졌다.

'비록 지금은 비천한 노비의 신분이지만, 꿈을 잃지 않고 열심히 노력하면 언젠가 하늘이 도와 내게도 기회가 올 거야.'

그날 밤, 영실은 오래도록 그 자리에 앉아 북극성을 바라보았다.

한양에서 내려온 어명

그러던 어느 날이었다.

"영실아, 영실아!"

*면천 : 천한 계급에서 벗어나는 것

재복 영감이 급히 달려오며 영실을 불렀다.

"조심하세요, 영감님. 그러다 넘어지시겠어요."

영실이 놀라 손질하던 물건을 옆으로 치우며 일어섰다.

"방금 본청에서 들은 얘기인데 영실아, 너한테 좋은 소식이 있을 것 같구나!"

재복 영감이 거친 숨을 내쉬며 큰 소리로 말했다. 흥분한 탓인지 재복 영감의 목소리는 평소보다 높아져 있었다.

"영감님이 이렇게 흥분하신 걸 보면 정말 좋은 일인가 봐요. 무슨 일인지 진짜 궁금한데요."

영실이 웃으며 물었다.

"한양에서 어명이 내려왔단다."

"어명이라면 임금님이 내리신 말씀인데, 저같이 미천한 사람한테 무슨 좋은 일이 생기겠어요."

"임금님이 각 지방에서 재주 있는 사람을 뽑아 한양으로 올려 보내라고 명령을 내리셨단다. 이 동래현에서, 아니 경상도 전체에서 너만큼 재주 있는 사람이 또 어디 있느냐? 게다가 신분에 상관없이 추천하라 하셨다니 틀림없이 너에게 좋은 일이 생길 게야!"

"정말로 신분에 관계없이 사람을 뽑는대요?"

영실은 흥분된 목소리로 물었다. 하지만 이내 고개를 저으며 말했다.

"아무리 그래도 노비한테까지 기회가 오겠어요. 가문 좋고 학식이 많은 양반 댁 자제들이 수두룩한데……."

"글쎄, 쉽지는 않겠지만, 네 재주가 어디 보통 재주냐? 이 나라에서 너만한 기술자는 없을 게야. 하늘이 무심치 않다면 틀림없이 좋은 일이 있을 테니 기다려 봐."

재복 영감이 영실의 어깨를 두드리며 말했다.

"그런 일이 생긴다면 정말 좋겠지만……, 지금처럼 영감님이랑 살며 일하는 것도 괜찮아요. 제 처지에 어찌 언감생심 그런 일을 바라겠어요?"

영실이 희미하게 웃으며 말했다.

하지만 재복 영감이 돌아간 뒤에도 영실은 한동안 넋을 놓고 앉아 있었다. 말은 그렇게 했지만 한양으로 가고 싶었다. 넓은 세상으로 나아가 자신의 꿈을 한껏 펼치고 싶었다.

영실의 꿈은 훌륭한 기술자가 되는 것이었다. 그리하여 나라와 백성을 위해 큰 공을 세우고, 어머니를 관기의 신분에서 면천시켜 드리는 것이 평생의 소원이었다. 하지만 그런 일이 일어나기에 신분의 벽은 너무나 높았다.

잠자리에 들어서도 재복 영감의 말은 내내 영실의 머리를 떠나지 않았다.

'정말 나같이 천한 노비한테도 기회가 있을까? 그럴 수만 있다면……. 한양으로 갈 수만 있다면…….'

영실은 기대에 들뜨고 안타까운 마음에 쉽게 잠을 이루지 못했다. 뒷산의 소쩍새가 영실의 마음을 아는지 밤새 울어 댔다.

희망을 품고 문경 새재를 넘다

며칠 뒤, 이방이 영실을 찾았다.

"사또 나리께서 찾으시니 냉큼 일어서거라."

사또 나리가 부르신다는 말에 영실의 가슴은 덜컥 내려앉았다.

동래 현감은 일찍이 영실의 재주를 알아채고, 여러 가지 기술들을 익히게 해 준 고마운 어른이었다. 그 덕분에 영실은 자신이 좋아하는 일에 전념할 수 있었고, 마침내 경상도 전체에서 가장 훌륭한 기술자로 알려지게 된 것이다.

"이방 어른, 사또 나리께서 무슨 일로 절 부르시는지 혹시 아시는지요?"

이방의 뒤를 따르며 영실이 초조한 심정으로 물었다.

"낸들 자세한 사정을 알겠느냐. 하지만 관찰사에게 무슨 소식이 온 것 같은데, 현감 나리 표정이 밝으신 걸 보아 아마도 좋은 일이 아니겠느냐."

이방의 말에 영실의 가슴은 두방망이질 치기 시작했다.

"찾아 계시옵니까?"

영실은 공손히 엎드려 사또께 인사를 올렸다.

"병장기 정비는 마무리되어 가고 있느냐?"

사또가 미소를 띠며 물었다.

"최선을 다하고 있습니다."

"그래, 어련히 알아서 잘하겠지. 그런데 아쉽지만 이제 너를 떠나보낼 때가 온 것 같구나."

"무슨 말씀이신지……."

영실이 가슴을 졸이며 물었다. 그러자 사또가 활짝 웃으며 말했다.

"네게 정말 좋은 소식이 왔단다. 지난번에 한양에서 사람을 추천하라기에 관찰사께 너를 추천했더니 오늘에야 그 소식이 왔구나. 하던 일을 정리하고 집에 가서 한양으로 떠날 채비를 하거라!"

영실은 마치 망치로 한 방 맞은 것처럼 정신이 멍해졌다. 하지만 곧 가슴 벅찬 기쁨의 눈물이 뺨을 타고 흘러내렸다.

"사또 나리! 고맙습니다. 저같이 천한 것을 이렇게 돌봐 주시니 그 은혜 갚을 길이 없사옵니다!"

영실이 머리를 조아리며 말했다.

"내가 얼마나 도움이 됐겠느냐, 모두 네가 노력한 덕분이지. 네 재주를 펼치기에 동래현은 너무 좁은 곳이다. 부디 한양에 가거든 넓은 세상에서 한껏 네 꿈을 펼쳐 보거라!"

사또는 웃음 가득한 얼굴로 영실을 격려했다. 마당으로 나오자 언제 소식이 전해졌는지 재복 영감을 비롯하여 동래 현청 사람들이 모두 모여 있었다.

"거봐라. 내가 틀림없이 좋은 일이 있을 거라고 하지 않더냐. 하늘님 감사합니다! 정말 감사합니다!"

재복 영감이 영실을 얼싸안고 기뻐서 소리쳤다.

"영실이 축하하네."

"동래현의 경사여, 경사!"

"영실이 재주가 어디 보통 재주인가. 내 이런 날이 올 줄 알았다니까."

현청 사람들 역시 자기 일처럼 기뻐하며 영실을 축하해 주었다.

"그동안 여러분들이 돌봐 주신 덕분입니다. 이 은혜 절대로 잊지 않겠습니다."

영실은 깊이 머리 숙여 인사했다.

"한양 가서 출세하더라도 우리를 잊지 말게."

재복 영감이 눈물을 글썽이며 말했다.

"잊을 리가 있겠습니까. 꼭 다시 돌아오겠습니다."

영실은 사람들을 뒤로 하고 현청 문을 나섰다. 이 기쁜 소식을 한시라도 빨리 어머니께 알리고 싶은 마음에 집으로 한걸음에 달려갔다.

"어머니! 제가 한양으로 가게 되었어요! 임금님이 계신 궁궐에서 일을 하게 됐다고요!"

영실이 사립문을 밀어젖히며 소리쳤다.

"그게 무슨 말이냐! 궁궐에서 일을 하게 됐다니?"

어머니가 버선발로 내려서며 물었다.

영실은 놀란 어머니를 모시고 방 안으로 들어가 그동안 있었던 일을 차근차근 말씀드렸다.

"세상에, 하늘님 고맙습니다! 영실아 이제 네 앞길이 열리려나 보다!"

영실의 얘기를 다 들은 어머니는 눈물을 흘리면서도 환하게 웃었다. 어머니의 얼굴에 환한 미소가 피어나자 영실의 마음은 더할 나위 없이 기뻤다.

다음 날 아침, 어머니는 한양 가는 아들을 위해 정성껏 상을 차렸다.

아침을 먹은 뒤 영실은 어머니와 얼굴을 마주하고 앉았다.

"한양 가면 꼭 출세해서 어머니 면천시켜 드릴게요. 그때까지 건강하셔야 돼요!"

영실은 어머니의 손을 꼭 잡고 다시 한번 다짐했다.

"내 걱정은 하지 말고 너나 몸조심하거라!"

어머니는 영실이 가는 길에 요기할 것들을 챙기며 눈물을 훔쳤다. 이제 떠나면 언제 다시 만날지 알 수 없는 일이었다. 영실도 짐을 꾸리며 자신도 모르게 눈물을 흘렸다.

마침내 영실은 어머니에게 큰절을 올리고 차마 떨어지지 않는 발길을 옮겼다.

"영실아, 부디 몸조심하거라."

문밖까지 따라 나온 어머니가 눈물에 젖은 목소리로 당부했다.

영실은 마지막으로 어머니의 얼굴을 한참 동안 바라보다가 눈물을 머금고 돌아섰다. 그러고는 그길로 동래 현청에 들러 사또께 인사를 드리고 한양으로 향했다.

영실은 마을을 벗어나는 고갯마루에 이르자 잠시 발걸음을 멈추고 마을을 내려다보았다. 태어나서부터 줄곧 살았던 동래현이 한눈에 들어왔다.

'꼭 성공해서 돌아올 거야! 어머니 건강하세요!'

영실은 마지막으로 다시 한번 다짐하며 한양으로 떠났다. 동래에서 한양까지 가는 길은 멀고도 험했다. 하지만 희망으로 가득 찬 영실은 조금도 힘이 들지 않았다.

영실은 며칠 동안을 쉬지 않고 걸어 마침내 험하기로 소문난 문경 새재에 올랐다. 문경 새재는 경상도에서 한양 가는 길에 있는 아주 험한 고개였다.

영실은 잠시 걸음을 멈추고 길옆 바위 위에 걸터앉았다. 고개를

들어 주위를 살피니 아름다운 경치가 눈앞에 펼쳐져 있었다. 저쪽에 충청도로 들어서는 길목이 보였다. 그 길을 따라 걸으면 드디어 한양에 도착하게 될 것이었다.

넓은 세상에서 만난 뜻있는 사람들

한양에서 새로운 생활이 시작되다

얼마 지나 장영실은 마침내 한양에 도착했다. 동래현을 떠난 지 꼭 보름 만이었다. 한양은 장영실이 생각했던 것보다 더 크고 넓었다. 곳곳에 새로 지은 건물과 집들이 가득했고, 거리에는 사람들이 넘쳐 났다.

'내가 진짜로 한양에 왔구나! 이곳이 내 꿈을 이뤄 줄 곳이야. 어쩌면 임금님을 가까이서 뵐 수 있을지도 몰라!'

장영실은 설레고 들뜬 마음을 가라앉히기 위해 깊은 숨을 한 번

쉬고는 궁궐을 찾아갔다.

이때 조선은 제3대 임금인 태종이 다스리고 있었다. 태종 임금은 조선을 세운 태조 이성계의 다섯째 아들로, 제2대 임금인 정종의 뒤를 이어 조선의 세 번째 임금이 되었다.

태종 임금은 아버지가 새로 세운 나라를 안정시키는 일을 최우선으로 삼았다. 그에 따라 많은 법률들이 정비되고, 새로운 법도 만들어졌다. 그중 하나가 '도천법'이었다.

도천법은 각 지방을 다스리는 관찰사가 추천한 지방의 우수한 인재들을 한양으로 불러들여 일하게 하는 법이다. 이 법은 숨은 인재들을 찾아 활용하기 위해 만든 것으로, 인재의 신분은 가리지 않았다. 새로운 나라에는 새로운 사람이 필요하다는 것을 잘 알고 있던 태종 임금이 신분을 가리지 않고 인재를 추천케 한 것이다. 장영실이 한양까지 올 수 있었던 것도 다 이 법이 있기에 가능한 일이었다.

장영실은 궁궐에 동래 현감이 써 준 추천장을 접수하고 일자리를 배정받았다. 처음 맡은 일은 궁궐에서 쓰는 여러 가지 물건을 만들고 고치는 것이었다. 그곳에는 각 지방에서 올라온 여러 기술자들이 모여 있었다. 하나같이 훌륭한 솜씨를 가진 사람들이었다.

'역시 한양에는 재주가 뛰어난 사람들이 많구나. 저들에게 뒤지지 않으려면 더욱더 열심히 공부해야겠어.'

장영실은 도착한 날부터 팔을 걷어붙이고 모든 일에 적극적으로 임했다. 새로운 기술을 배우면 겸손한 마음으로 열심히 익히고 남보다 부지런히 일했다.

함께 일하는 사람들 대부분은 친절했다. 그러나 간혹 영실이 노비 출신이라 하여 같이 일하기를 꺼리거나 대놓고 면박을 주는 이도 있었다.

하지만 장영실에게 이제 그런 것은 아무 문제도 되지 않았다. 그저 묵묵히 일하다 보면 나아질 것이라 믿었기 때문이다.

시간이 흐르면서 장영실의 성실함과 기술력에 많은 사람들이 감탄하기 시작했다.

"노비 출신이면 어때. 저렇게 성실하고 착한 사람이 어디 있나?"

"그러게 말이야. 게다가 재주도 보통이 아닐세. 어디 조선에 저만한 기술자가 몇이나 되겠나?"

같이 일하기를 꺼리던 사람도 하나둘씩 가까이 다가와 장영실과 일하기를 원했다.

장영실이 만든 물건은 어디가 달라도 달랐다. 작은 물건 하나도 정교하고 아름답게 만들어 냈다. 그렇게 1년이 지나자 장영실은 한양에서도 최고의 기술자로 알려지게 되었다.

장영실이 일하는 곳에는 천문과 과학을 다루는 여러 학자와 벼슬아치 들이 자주 드나들었다. 이들은 기술자들의 도움을 받아 여러 가지 새로운 기구를 만들어 실험하기도 하고 망가진 기구들을 고쳐 가기도 했다. 이들의 입을 통해 장영실의 소문은 임금에게까지 들어갔다.

"듣자 하니, 장영실이라는 사람이 기술이 그렇게 뛰어나다면서요? 그를 한번 만나 보고 싶소."

소문을 듣고 궁금해진 태종 임금이 말했다.

"전하, 그자가 비록 재주는 뛰어나다고 하나 천한 노비의 신분입니다. 어찌 귀하신 전하께서 직접 만나려 하십니까?"

신하들이 예법을 따지며 모두 나서서 말렸다.

"내 생각은 다르오. 그가 천한 신분이라도 나라와 백성을 위해 성실하게 일을 하고 있다면 마땅히 군주인 내가 격려하고 칭찬해 주어야 하지 않겠소. 만약 그렇게 하지 않는다면 어느 누가 나라를 위해 일하려 하겠소. 그러니 여러 말 말고 장영실을 데려오시오!"

태종 임금이 엄한 목소리로 다시 명령했다.

마침내 장영실이 임금 앞에 불려 왔다.

"고개를 들라!"

태종 임금의 위엄 있는 목소리에 장영실은 잔뜩 긴장한 채 고개를 조금 들었다. 워낙 엄중한 자리인지라 임금님의 얼굴을 제대로 쳐다볼 수는 없었다.

"네가 훌륭한 기술로 백성들을 위해 이로운 물건들을 많이 만들었다고 들었다. 과인이 너의 공을 크게 치하하고자 이 자리에 불렀다. 네가 지금은 비록 노비의 신분이지만 나라와 백성을 위해 큰 공을 세운다면 어찌 보답이 없겠느냐. 그러니 너는 앞으로도 나라와 백성을 위한 일에 최선을 다하거라."

"성은이 망극하옵니다. 이 몸이 부서지는 한이 있더라도 최선을 다할 것이옵니다."

장영실이 감격에 겨운 목소리로 대답했다.

"여봐라! 장영실에게 크게 상을 내리고, *공조 판서는 장영실에게 좀 더 큰일을 맡기도록 하여라!"

흡족해진 태종 임금이 신하에게 명을 내렸다.

---

*공조 판서 : 조선 시대에 공조, 군기시, 상의원, 교서관 따위의 관아에 속한 장인들에게 준 으뜸 벼슬

어전에서 물러나온 장영실은 이 모든 일이 꿈만 같았다.

'내가 임금님을 만나다니!'

장영실은 믿겨지지 않는 듯 자신의 볼을 두 손으로 탁탁 두드렸다. 아직까지 임금님의 말씀이 귓전에 맴돌았다.

'그래, 열심히 하다 보면 언젠가 큰 공을 세우고 면천될 수 있는 기회가 올지도 몰라. 어머니 조금만 기다리세요.'

장영실은 다시 한번 다짐했다.

상의원에서 이천을 만나다

다음 날부터 장영실은 *상의원에서 일하게 되었다. 상의원에서는 여러 사업들을 진행하고 있었는데, 장영실은 그중 *주자소 일을 맡게 되었다. 주자소는 태종 임금이 중요하게 여기는 부서 가운데 하나였다.

태종 임금은 나라를 튼튼하게 하려면 학자들과 신하들이 책을 많이 읽어야 한다고 생각했다. 그래서 왕위에 오르자마자 주자소

---

*상의원 : 임금님에게 필요한 물건과 장신구 등을 만드는 곳으로, 최고의 궁중 기술자들이 모여 있었다.
*주자소 : 조선 시대에 나라에서 활자를 만들어 책을 내던 부서로, 태종 3년에 설치하였다.

를 만들어 활자 만드는 일부터 시작했다.

　장영실은 상의원에 근무하게 되면서 많은 학자들과 교류할 수 있었다. 장영실의 소문을 들은 학자들은 기꺼이 함께 일하고자 했는데, 특히 이천이라는 사람이 장영실의 재주를 높게 평가해 장영실을 *기용했다.

　이천은 무관 출신으로, 충청도와 경상도 일대를 약탈하는 왜구를 크게 무찔러 태종 임금의 사랑을 한 몸에 받고 있었다. 그는 과학에도 관심이 많아 무엇이든 연구하기를 좋아했고, 특히 군사무기를 개량하는 데 큰 힘을 쏟고 있었다.

　장영실은 물건을 만드는 각종 재료를 다루는 솜씨가 뛰어났다. 그중에서도 금속을 다루는 기술이 특히 뛰어나 이천의 무기 개량 사업에 큰 역할을 하였다. 이천은 장영실의 도움으로 만든 무기들을 사용해 실제 전투에서도 큰 효과를 보았다.

　"내 이제껏 자네같이 뛰어난 기술을 지닌 이는 본 적이 없네!"

　이천은 장영실의 뛰어난 기술과 풍부한 과학 지식에 놀라움을 금치 못했다. 장영실은 손재주만 좋을 뿐 아니라 천문과 기상, 기계 장치 등 과학에 관한 폭넓은 지식을 갖고 있었다.

　그 뒤로 이천은 마치 오랜 동지처럼 장영실을 돌봐 주었다.

*기용 : 인재를 높은 자리에 올려 씀

한편, 상의원 안에는 장영실이 인정받는 것을 시기하는 자들이 생겨났다. 그들은 서로 모여 장영실을 욕하거나 하는 일을 훼방 놓았다.

"노비 놈 주제에 여기가 어디라고 손재주 하나 갖고 으스대기는……."

"윗사람들이 예뻐하니 자기 신분을 잊어버렸나 보지!"

이런 말이 들릴 때마다 장영실은 더욱 몸을 낮추고 열심히 일만 했다. 하지만 그러면 그럴수록 그들에게 점점 더 미움을 샀다.

"공이 될 만한 일은 모두 영실에게만 맡기니 이건 뭐 할 일이 있어야지."

"나도 기술이라면 누구 못지않다고 생각하는 사람인데, 내겐 기회조차 없다니까."

그들은 자신들도 할 수 있는 일을 장영실이 혼자 맡아 공을 세운다고 불만이었다. 이런 일들이 잦아지자 장영실은 몹시 괴로웠다.

이천은 곧 장영실의 상황을 알게 되었다. 마침 상의원에서 벼슬을 하고 있던지라 소리 없이 장영실을 도울 수 있었다. 그는 먼저 상의원 안에서 공을 세울 만한 일이 생기면 여러 사람에게 골고루

돌아가도록 조정했다. 그리고 몹시 까다로워 장영실이 도맡아 하던 일들도 다른 고참 기술자에게 맡겼다.

그렇게 몇 달이 지나자 재미있는 현상이 벌어졌다. 어려운 일을 맡은 기술자들이 사람들의 눈을 피해 장영실을 찾아오는 것이었다. 장영실은 아무 말 없이 그들을 성심성의껏 도와주었다.

그러던 어느 날, 한 고참 기술자가 곤혹스런 표정으로 찾아와 말했다. 그는 누구보다도 장영실을 흉보고 싫어하던 사람이었다.

"여보게 영실이, 이 문제 좀 해결해 주게. 벌써 몇 달째 매달리고 있는데, 도무지 해결할 길이 없네그려."

"제가 도울 수 있는 일이라면 무엇이든 돕겠습니다."

장영실은 묵묵히 자신의 일처럼 밤을 새워 가며 그의 일을 도와주었다.

며칠 뒤, 마침내 일이 성공적으로 끝나자 그가 겸연쩍게 웃으며 말했다.

"정말 고맙네. 내가 그동안 자네에게 잘못한 일도 많았는데 이렇게 도와주니 이 은혜는 절대 잊지 않을걸세."

"거의 다 끝난 일을 조금 거들었을 뿐인데요. 제가 없었어도 곧 완성하셨을 것입니다."

장영실이 겸손하게 대답했다.

이런 일이 있은 뒤부터는 장영실을 시기하고 험담을 하던 무리들이 사라졌다. 장영실은 이 모든 일이 이천의 도움으로 이루어진 걸 알고 마음속 깊이 고마워했다.

신분의 한계를 벗어 버리고

상의원의 생활이 안정을 찾아 갈 무렵 장영실에게 또다시 힘든 일이 일어났다.

"임금님이 장영실에게 벼슬을 주려는데, 대감들이 노비에게 벼슬을 주어서는 안 된다며 극구 반대하는 바람에 뜻을 거두었다지?"

"아무리 재주가 훌륭해도 노비에게 벼슬을 주는 건 어렵지. 장영실에게는 안된 일이지만 나라의 법도가 그러니 어쩌겠나! 쯧쯧……."

소식을 전해 들은 장영실은 가슴이 답답했다. 쉬울 거라고 생각하지는 않았지만 동래에 계신 어머니를 생각하면 하루라도 빨리 공을 세워 벼슬자리에 오르고 싶었다. 하지만 신분의 벽을 깨는 것은 정말로 불가능해 보였다.

'어쩌면 정말 꿈 같은 일을 바라고 있는지도 몰라. 난 천한 노비 출신이 아닌가!'

장영실은 절망에 빠졌다. 그러자 모든 게 시들해졌다.

'이렇게 열심히 일해 봤자 무슨 소용이람. 난 결국 노비일 수밖에 없는데! 몇몇 상전이 인정해 준다고 덧없는 희망을 품은 게 잘못이지!'

이후로 장영실은 일을 하면서도 한참씩 넋을 잃고 있을 때가 많았다.

그러던 어느 날 이천이 찾아왔다.

"영실이 자네 요새 왜 그러나? 무슨 일이 있는 게야?"

이천이 걱정스런 말투로 물었다.

"나리, 전 어쩔 수 없는 노비인가 봅니다. 제 어미 하나 호강시켜 드리지 못하는 못난 놈이라는 생각에……."

장영실은 말을 잇지 못하고 고개를 떨어뜨렸다.

이천은 장영실의 마음을 충분히 이해했다. 그러나 이천으로서도 어쩔 수 없는 일이었다. 나라에는 신분을 엄격히 구분하는 법이 있었고, 그것을 뛰어넘는 일은 임금조차도 마음대로 할 수 없는 일이었다.

"이보게 영실이, 이번 일은 정말 안됐네. 하지만 그렇다고 이렇게 실의에 빠져 있어서야 되겠나. 사내대장부라면 그것이 비록 못 이룰 꿈이라도 최선을 다해 도전하는 것이 옳은 일 아닌가! 고향에 계신 어머님이 자네의 이런 못난 모습을 보면 얼마나 실망하시겠나. 사람의 앞날은 아무도 모르는 것일세. 역사를 보더라도 신분의 벽을 극복하고 자신의 꿈을 이룬 사람들이 적지 않아. 그러니 용기를 잃지 말고 툭툭 털고 일어나게!"

이천은 장영실의 어깨를 두드리며 용기를 불어넣어 주었다.

그날 밤, 장영실은 숙소 앞마당에 나와 밤하늘을 바라보았다. 별들은 언제나 그랬듯 자신을 반갑게 맞아 주었다.

"어머니……!"

장영실은 입속으로 조그맣게 어머니를 불렀다. 그러자 어머니의 목소리가 들리는 듯했다.

'영실아! 난 네가 열심히 살아가는 모습을 보는 것만으로도 행복하단다. 그러니 용기를 잃지 말고 지금 하는 일에 최선을 다하도록 해라!'

장영실의 눈에서 눈물이 주르르 흘러내렸다. 장영실은 한참을

그렇게 서 있다가 눈물을 닦고 다시 하늘을 바라보았다.

'저 별들은 어려서 보던 모습 그대로 여전히 빛나고 있는데, 난 왜 이렇게 약해졌을까? 진정 내가 바라던 게 벼슬을 얻어 면천을 받는 일이 전부였던가? 조선 최고의 기술자가 되어 나라와 백성에게 큰 도움을 주고자 하던 꿈은 어디로 갔는가? 벼슬자리 하나에 이렇게 마음이 흔들리다니!'

이렇게 생각하자 장영실은 그동안의 행동에 부끄러움을 느꼈다.

'이천 나리의 말씀이 맞아. 사내대장부라면 큰 뜻을 이루는 데 최선을 다해야지! 하늘도 스스로 돕는 자를 돕는다고 했어!'

장영실은 주먹을 불끈 쥐고 하늘을 향해 힘껏 내뻗었다.

충녕대군을 만나다

다음 날부터 장영실은 더욱 열심히 일하고, 열심히 공부했다. 일을 하다가, 혹은 책을 읽다 궁금한 점이 생기면 그 방면에 공부를 많이 한 학자들을 찾아다니며 묻고 또 물어 기어이 해답을 찾아냈다. 또 구할 수 있는 책은 모두 구해 밤을 새워 가며 읽었다. 이런 모습을 지켜보는 이천의 마음은 흐뭇했다.

어느 날, 이천이 장영실을 찾았다.

"자네 나하고 어디 좀 가야겠네. 아주 귀한 분을 뵈러 가니 옷매무새를 단정히 하고 따라오게."

이천이 앞서서 성큼성큼 걸으며 말했다.

"나리, 귀하신 분이라면……."

장영실이 따라가며 물었다.

"충녕대군께서 자네를 보고 싶어 하시네."

충녕대군은 태종 임금의 셋째 아들로 학식이 매우 높고 영특하여 장차 임금 자리를 물려받을 것이라는 소문이 자자했다. 또한 과학에 관심이 많은 것으로도 유명했다.

이천이 예를 갖춰 절을 한 뒤에 장영실을 소개했다.

"대군마마, 이 자가 찾으시던 장영실이옵니다."

장영실은 바닥에 엎드려 큰절을 올렸다.

"오, 이리 가까이 들라. 자네 실력은 아버님께도 들어 익히 알고 있네."

충녕대군은 몹시 반가운 얼굴로 장영실을 맞았다.

"이미 조선에선 너의 기술을 따라갈 자가 없다지? 게다가 천문과 지리 등에도 많은 학식을 쌓았다고 들었다."

"그저 몇 가지 재주를 지녔을 뿐이온데, 이렇게 칭찬해 주시니 몸 둘 바를 모르겠습니다."

장영실은 더욱 머리를 조아렸다.

"허, 자네는 듣던 대로 겸손하구나. 나도 천문과 지리 같은 과학에 관심이 많다. 어디 네 생각을 말해 보거라. 천문과 지리를 연구하는 것이 백성들에게 어떤 이로움을 줄 것이라고 보는가?"

"천문은 하늘의 해와 달, 별의 움직임을 살펴 우주의 이치를 헤아리는 학문입니다. 우주의 움직임을 알면 정확한 시간을 알 수 있습니다. 그러면 계절의 변화를 예측하여 백성들의 생활과 농사에 큰 도움을 줄 수 있을 것이옵니다."

충녕대군은 기특한 듯 고개를 끄덕였다.

장영실은 계속 말을 이었다.

"또한 지리는 땅의 이치를 밝히는 학문으로 백성들과 모든 생명들이 함께 살아가는 땅의 특색을 연구하고, 비, 눈, 바람, 기온 등 농사를 짓는 데 유익한 정보들을 연구함으로써 백성을 이롭게 합니다."

"그렇다면 너는 앞으로 어떤 일을 해야 한다고 생각하느냐?"

"아직 우리나라는 우주를 관측하는 데 필요한 기구들이 적고, 또한 모든 천문법을 명나라에 기대고 있습니다. 저는 우주를 관측할 수 있는 기구를 만들어 나라와 백성들에게 큰 도움이 되는 일을 하고 싶습니다."

장영실이 공손히 아뢰었다.

충녕대군은 흡족한 표정을 지으며 이천에게 말했다.

"장영실은 정말 훌륭한 인재가 분명하오. 자신이 하는 공부의 뜻을 정확히 알고 있을 뿐만 아니라 뚜렷한 목표가 있질 않소! 바로 내가 찾던 인물이오. 이공은 장영실이 보다 많은 학자들과 교류할 수 있도록 힘써 주시오."

"예, 마마. 분부대로 할 것이옵니다."

장영실과 이천은 충녕대군의 처소를 물러 나왔다.

"저 분은 장차 왕이 되실 분이네. 백성을 위하는 마음이 깊으시고 학문 또한 높으신 분이니 틀림없이 훌륭한 성군이 되실 것이야. 대군께선 나라를 안정시키고 백성을 편안하게 하기 위해 과학의 발전이 꼭 필요하다고 생각하시는 분일세. 아마 자네에게 커다란 힘이 될 것이야."

이천은 장영실에게 낮고 위엄 있는 목소리로 귀띔해 주었다.

다시 몇 년이 지나고 충녕대군은 이천의 말대로 임금의 자리를 물려받을 세자의 자리에 올랐다. 임금의 자리는 맏아들이 잇는 것이 원칙이었으나, 셋째 왕자인 충녕대군의 성품이 가장 뛰어나다고 생각한 두 형 양녕대군과 효령대군이 세자의 자리를 양보했다. 태종 임금 역시 이들과 생각이 같아 충녕대군이 세자의 자리에 오르게 된 것이었다.

세자가 된 충녕대군은 젊은 학자들과 더불어 나라를 위한 일에 더욱 힘을 기울였다.

이 자리에는 *정초, *정인지, 이천 등이 함께 했으며 훗날 집현전 학자로 크게 활약할 젊은 선비들도 있었다.

충녕대군은 과학에 관한 일을 논할 때면 어김없이 장영실을 불렀다. 덕분에 장영실은 훌륭한 학자들과 더 자주, 더 깊은 대화를 하며 많은 것들을 배울 수 있었다.

충녕대군이 세자가 된 지 두 달 뒤, 태종 임금은 상왕으로 물러나고 세자에게 임금의 자리를 물려주었다.

1418년, 마침내 충녕대군이 임금의 자리에 올랐다. 그가 바로 조선 시대 가장 위대한 임금인 세종대왕이었다.

"이제 얼마 지나지 않아 자네의 꿈을 이룰 기회가 찾아 올 거야!"

이천이 장영실의 어깨를 감싸안으며 격려해 주었다.

장영실은 설레고 기대에 찬 마음으로 새로운 시대를 맞았다.

---

*정초 : 조선 전기(?~1434)의 문신으로 왕명을 받아 정인지 등과 함께 간의대를 만들었으며, 『농사직설』『삼강행실도』의 편찬을 이끌었다.

*정인지 : 조선 전기(1396~1478)의 학자로 대제학과 영의정을 지내며, 『용비어천가』 등 많은 책을 편찬하였다.

맏아들이 아닌 충녕대군이 어떻게 임금이 되었을까

전통적으로 왕위는 장남이 물려받는 것이 원칙이다. 그러므로 원칙대로 하자면 태종 임금의 첫째 왕자인 양녕대군이 왕위를 물려받아야 옳을 것이다. 그러나 당시는 조선이 개국한 초기라 아직 왕권이 강력하지 못했다.

아버지인 태종 임금은 왕권을 확립하기 위해 자신의 형제는 물론 왕비의 친인척들까지 모두 죽인 냉엄한 왕이었다. 그런데 세자였던 양녕대군은 성품이 자유분방해 자주 태종 임금의 눈에 벗어나는 일을 하였다. 본인의 성격이 그런 면도 있었겠지만, 세자였던 양녕대군이 아버지 태종 임금의 마음이 셋째인 충녕대군에게 있음을 눈치채고 일부러 미친 흉내를 내었다는 설도 있다.

이에 태종 임금은 양녕대군 보다는 학문이 뛰어나고 덕을 고루 갖춘 충녕대군(세종대왕)이 조선의 앞날을 탄탄히 할 왕이 될 것이라고 판단하였다. 결국 태종 임금은 세자인 양녕대군을 내쫓고 셋째 아들인 충녕대군에게 왕위를 물려주게 된다.

태종 임금의 생각대로 세종대왕은 역사상 가장 위대한 임금이 되었으며, 임금이 된 뒤에도 아버지와 달리 형제들을 따뜻하게 보살폈다.

중국 유학길에 오르다

조선 과학의 새 시대가 열리다

　세종 임금은 아버지인 태종 임금의 뜻을 이어받아 나라를 안정시키고, 백성을 편안케 하는 일에 전념했다. *상왕으로 물러난 태종 임금은 스스로 나라의 방비를 맡아 세종 임금이 나라의 기틀이 되는 여러 가지 학문과 과학을 발전시키는 데에만 마음을 쓰도록 도와주었다.

　세종 임금은 먼저 집현전을 크게 개편하여 유능한 젊은 학자들을 불러 모았다. 조선 시대 기본 학문은 유학이었지만, 세종

---

*상왕 : 자리를 물려주고 들어앉은 임금을 이르는 말

임금은 그에 못지 않게 과학도 중요하게 생각했다. 그래서 학자들에게 천문과 지리 같은 분야에도 관심을 가져야 한다고 강조했다.

세종 임금은 큰 꿈을 가진 왕이었다. 밖으로는 왜적의 침략을 대비하는 일에 힘썼고, 안으로는 법과 제도를 정비하여 자주 국가의 기초를 다지기 시작했다. 또한 학문과 문화 발전을 위해 지원을 아끼지 않았으며 백성들의 생활을 개선하는 일에 앞장섰다.

세종 임금은 이 모든 일에 가장 알맞은 사람을 뽑아 일을 맡겼다. 과학 분야는 정초, 정인지, 이천, *윤사웅, 장영실 등이 중심이 되어 함께 일을 이끌었다.

세종 임금은 이들을 불러 당부했다.

"예로부터 천문과 지리는 한 나라의 기둥이 되는 학문이로다. 하늘과 땅의 이치를 모르고야 어찌 제대로 된 나라라 할 수 있겠느냐? 그런데 지금 우리나라는 모든 것을 명나라의 *역법에 따르고 있다. 명나라와 우리는 땅의 위치가 달라 해가 뜨고 지는 시간이 다르고, 계절 또한 다르다. 이제 짐은 우리나라만의 역법을 만

---

*윤사웅 : 조선 전기의 과학자로 태종 임금 때 일하다가 물러났다가 세종 임금 초기에 다시 불러들여져 천문학 분야에서 일했다. 보루각과 흠경각을 만드는 등 많은 업적을 남겼다.
*역법 : 천체의 주기적 현상을 기준으로 하여 세시를 정하는 방법

들고 우리 땅에 맞는 시간을 찾아 조선을 진정한 자주 국가로 만들려 한다. 이제 경들은 성심을 다해 이 뜻을 이루라!"

세종 임금의 말에 장영실은 자신이 꿈꿔 왔던 기회가 찾아 왔음을 알았다.

우리나라에 맞는 역법을 만들려면 무엇보다 먼저 정확한 시계와 천문 관측기구들이 있어야 했다. 궁궐에 서운관이란 관청을 두어 시간을 재고 천체를 관측하고는 있었지만 정확성이 떨어지는 물시계와 중국에서 들여온 낡은 천체 관측기구 몇 개가 전부였다.

장영실은 물시계의 개량과 새로운 활자 만드는 일에 적극 참여했다.

이전에 활자를 만든 경험이 있던 장영실은 활자 개량 사업에 여러 아이디어를 갖고 있었다. 실제로 구리를 녹여 활자판에 붓고 활자 크기를 고르게 만드는 일은 최고 기술자 장영실이 아니면 할 수 없는 일이었다.

태종 임금 때 만들어진 조선 최초의 구리 활자인 계미자는 글자가 크고 고르지 않았다. 또한 활자의 뒷면이 송곳같이 뾰족하게 만들어져 *밀을 이용해 활자를 동판에 고정시켰음에도 쉽게 흔들

*밀 : 꿀벌이 벌집을 만들기 위하여 분비하는 물질

> **조선 최초의 구리 활자 계미자를 보완해 만든 '경자자'**
>
> 세종이 이천과 남급 등을 시켜 활자 크기를 작게 하고 등을 평평하게 개량하여 만든 활자이다. 주로 중국에서 들어온 책들을 찍어 널리 퍼뜨리는 데 사용했다. 글씨체는 가로획이 세로획보다 가늘고, 너비가 길이에 비하여 그리 넓지 않아 날씬하며 날카롭게 보인다. 경자자는 계미자에 비하여 활자의 크기가 작아 주조할 때에 동(銅)이 절약되고, 책판에 박을 때도 종이가 절약되었다. 또한 조판과 인쇄가 훨씬 능률적으로 이루어져 비교적 널리 사용되었다. 현재 전해지는 인본(인쇄한 책)으로는 『진서산독서기을집상대학연의』, 『서산선생진문충공문장정종』, 『신전결과고금원류지론』 등이 있다.

렸다.

장영실은 이런 계미자의 단점을 보안하여 새로운 활자를 만들었다. 우선 활자를 보다 작고 네모나게 고치고, 활자의 뒷면을 평평하고 바르게 만들어 인쇄할 때 활자가 움직이지 않게 했다.

이렇게 만들어진 활자는 한번 밀로 고정하면 다시 밀을 녹여 붓지 않아도 될 만큼 흔들림이 적어 인쇄 속도가 한결 빨랐다. 이 활자는 1420년(세종 3년) 경자년에 만들어져 '경자자'라고 불리게 되었다.

하지만 정확한 시계와 천문 관측기구 만드는 일은 결코 쉽지 않았다. 계속되는 실험과 연구에도 불구하고 물시계의 기능이 조금 나아졌을 뿐 큰 변화가 없었다.

하루는 천문학자 윤사웅이 장영실을 찾았다.

"이보게 영실이, 아무래도 명나라에 한번 가 보는 것이 좋겠어. 뭔가 돌파구를 찾으려면 과학이 발달한 서구의 책들과 문물을 접하는 것이 좋을 것 같아."

"명나라에 가면 서구의 과학을 배울 수 있을까요?"

"자네도 알다시피 명나라 전에는 원나라가 있었어. 저 멀리 서역까지 정벌한 덕분에 원나라에는 많은 서구 문물이 흘러들어 왔지. 그리고 그 영향으로 뛰어난 천체 관측기구들이 만들어졌고 말이야. 특히 이때 *곽수경이 만든 간의는 아주 훌륭해서 명나라에서는 역법을 제작할 때 아직도 그 간의를 쓴다네."

장영실은 '간의'란 말에 귀가 번쩍 뜨였다. 간의는 해와 달, 별의 움직임을 관측하는 기구로, 시간을 재는 데 꼭 필요한 것이었다. 장영실은 물시계를 약간 개량하기는 했지만, 간의는 아직 만들지 못한 상태였다.

"곽수경의 간의를 직접 눈으로 본다면 여러모로 도움이 될 것이옵니다."

장영실이 기대에 찬 목소리로 말했다. 하지만 명나라에 간다는 것은 대단히 어려운 일이었다.

---

*곽수경 : 중국 원나라(1231~1316)의 과학자로 중국 역법 사상 가장 획기적이고 새로운 수시력을 만들었다.

집현전에서 하는 일은? 세종 때의 학문 연구소로 유명한 집현전은 경복궁 수정전에 자리하고 있었다. 이곳에서 뛰어난 학자들은 학문을 연구하고 왕과 함께 정치를 의논했다. 집현전의 주된 임무는 경연의 감독, 궁정 사관으로서의 임무, 왕의 서류 특히 외교에 관한 서류의 초안을 돕는 일, 과거 중국의 의식이나 제도의 조사, 과거의 시행, 여러 분야에 걸친 책과 문헌의 수집, 책의 편찬 등이 있었다. 특히 집현전 학자들은 농업, 유교 사상, 역사, 지리, 법률, 언어학, 의학 등 다양한 분야의 책을 편찬하여 조선의 생활과 문화의 발전을 이끌었다. 이때 나온 책으로는 『농사직설』 『태종실록』 『삼강행실도』 『팔도지리지』 『향약집성방』 『훈민정음(해례본)』 『동국정운』 『사서언역』 『고려사』 등이 있다.

"일단 내가 전하께 *상소를 올려 보겠네. 이 일에 워낙 관심이 많으시니 어쩌면 흔쾌히 도와주실지도 몰라!"

윤사웅의 말에 장영실은 꼭 그렇게 되길 마음속으로 간절히 빌었다.

*상소 : 임금에게 글을 올리는 일

뛰어난 기지로 곽수경의 간의를 보다

한 달쯤 지났을 때 윤사웅이 환한 얼굴로 장영실을 찾아왔다.

"전하께서 허락을 하셨어! 자네와 나를 명나라에 보내 주시기로 하셨단 말일세!"

"그게 정말입니까?"

장영실이 기뻐하며 소리쳤다.

다음 날, 세종 임금은 장영실과 윤사웅을 불러 어명을 내렸다.

"경들은 명나라로 건너가 새로운 문물에 대해 둘러보고, 서구의 과학 문물에 관한 책들을 구할 수 있는 대로 모두 구해 오시오."

윤사웅과 장영실 일행은 잠깐의 주저함도 없이 명나라로 떠났다. 길은 멀고도 험했다. 개성을 거쳐 평야, 신의주를 지나 겨우 명나라 땅에 들어섰지만, 거기서도 명나라의 수도인 북경까지는 아직도 더 가야 했다. 하지만 장영실은 새로운 문물을 볼 기대에 힘든지도 몰랐다.

마침내 북경에 도착한 일행은 서둘러 새로운 문물에 관한 정보를 모았다. 명나라의 수도는 원래 남경이었는데, 북경으로 수도를 옮긴 지 얼마 되지 않아 분위기가 몹시 어수선했다. 따라서 장영실 일행이 여러 가지 정보를 얻기에는 아주 좋은 조건이었다.

장영실 일행은 날마다 필요한 사람들을 만나 이야기를 듣거나, 새로운 문물에 관한 책들을 사들였다.

장영실은 시장에 자주 들렀다. 뒤숭숭한 때여서 시장에는 망한 원나라의 고급 관리 집에서 쏟아져 나온 각종 진귀한 물건과 책들이 많았다. 또한 서역까지 왕래하는 무역상들을 통해 들어온 진귀한 물건과 책들도 넘쳐 났다. 장영실은 이 중에서 천문과 지리, 역법 등 새로운 과학 지식이 들어 있는 책들과 여러 가지 신기한 기계 장치들을 사 모았다.

특히 장영실은 물시계와 천문 관측기구에 관한 책들을 많이 모았는데, 그중에는 아라비아에서 건너온 것들도 있었다.

그러나 곽수경이 만든 간의를 구경하는 일은 쉽지가 않았다. 명나라가 자기 나라의 기술이 외국으로 새어 나가는 것을 막기 위해 외국인의 접근을 철저히 막았기 때문이다. 장영실 일행은 곽수경의 간의를 직접 보기 위해 여러 경로를 통해 부탁했으나 번번이 거절당했다.

그러던 어느 날, 기회는 의외의 곳에서 너무도 쉽게 찾아 왔다.

"내일 하루, 간의와 자동 물시계를 일반인들에게 공개한다고 하네!"

윤사웅이 뛰어 들어오며 소리쳤다.

"외국인들에게도 공개한다고 합니까?"

"물론이야! 명나라의 위대함을 여러 나라에 알리고자 외국인들에게도 공개한다고 하는군."

윤사웅이 흥분한 목소리로 말했다.

다음 날, 장영실은 일부러 허름한 옷을 입고 나갔다. 간의를 공개한다고 하지만 명나라가 자신들의 기술을 자랑하려는 뜻이니 자세히 살펴볼 수 있을 정도의 시간은 주지 않을 것이 분명했다. 하지만 일반인처럼 보이면 관리들이 경계심을 갖지 않을 것이고, 그러면 간의를 좀 더 가까이 관찰할 기회가 있으리라 생각했기 때문이다.

장영실의 생각대로 명나라 관리들은 간의대에서 멀리 떨어진 곳에 사람들을 모아 놓고 자신들의 기술을 자랑하는 데에 열을 올렸다.

"저것이 간의이고, 그 옆에 있는 것이 자동 물시계인데, 간의는 해, 달, 별의 움직임을 한눈에 관측할 수 있는 천체 관측기구로, 세계 제일의 기술이 아니면 만들 수 없는 것이오. 또한 옆에 있는 자동 물시계는 세계에서 가장 정확한 것이오. 스스로 때가 되면 시간을 알려 주는 신기한 기술로 만들어진 것인데, 이 역시 아무나 만들 수 있는 게 아니라는 걸 누구나 다 알 것이오. 이 두 가지는 우리 명나라의 과학 기술의 수준이 세계 제일이라는 것을 알려 주는 훌륭한 기계요."

명나라 관리는 한껏 폼을 재며 설명하더니, 다른 기계를 보여 준다며 사람들을 이끌고 곧바로 자리를 옮겼다.

먼 거리에서나마 간의와 자동 물시계의 실제 모습을 본 것은 큰 수확이었다. 하지만 장영실은 이 정도로 만족할 수 없었다.

"나리 먼저 가십시오. 전 좀 더 살펴봐야겠습니다."

장영실이 윤사웅에게 속삭였다.

"이 사람, 어쩌려고……."

살며시 무리에서 빠져나온 장영실은 간의가 있는 곳으로 다시 갔다.

"게 섰거라!"

간의를 지키고 있던 군사 두 명이 장영실을 보고는 소리쳤다.

"뭐 하는 놈이냐!"

"아이고 나리, 워낙 신기한 물건이라 좀 자세히 보려고 그럽니다요."

장영실이 능청을 떨며 대답했다.

"봐 봤자 네까짓 게 알 수 있는 물건이 아니니 썩 물러가거라."

둘 중 덩치가 큰 군사가 허름한 옷차림의 장영실을 보고는 비웃으며 말했다.

"나리, 어쩌다 운이 좋아 명나라까지 와서 이렇게 좋은 것을 구경하게 되었는데, 좀 자세히 봐야 고향에 돌아가서 늙으신 어머님께 마치 눈에 보이듯이 설명을 드릴 게 아닙니까. 제가 봐야 무슨 내용을 알겠습니까만 모양이라도 그럴듯하게 설명해 드리려고 하니 잠깐만 가까이서 보게 해 주십시오."

장영실은 머리를 조아리며 계속 능청을 떨었다. 그러자 함께 있던 마음 좋게 생긴 군사가 웃으며 말했다.

"이보게, 이놈이 봐야 뭘 알겠나. 하지만 효심이 갸륵하지 않은가? 나도 고향에 늙은 어머님이 계신데 신기한 물건 구경하는 걸 참 좋아하시지. 그러니 잠깐 사정 좀 봐주자고."

잠시 덩치 큰 군사가 장영실을 위아래 훑어보더니 한마디 툭 내뱉었다.

"그럼 잠깐 동안 만이야! 들키면 큰일이니 얼른 보고 가!"

"나리, 정말 마음이 넓으십니다. 이 은혜는 잊지 않겠습니다."

장영실은 연신 허리를 굽히며 간의 쪽으로 달려갔다.

간의와 자동 물시계를 바로 옆에서 보게 된 장영실은 가슴이 벅찼다. 정말 훌륭하고 아름다운 기계였다. 장영실은 한 부분도 놓치지 않으려고 애쓰며 머릿속에 그 모양을 담았다.

'나도 언젠가 이처럼 멋진 기구와 기계 들을 내 힘으로 만들 거야!'

장영실은 마음속으로 다짐했다.

장영실 일행은 명나라로 떠난 지 꼭 1년 만에 고국으로 돌아왔다.

"명나라에 가서 많은 것을 보고 배워 왔느냐?"

장영실 일행이 인사를 드리자 세종 임금이 물었다.

윤사웅과 장영실은 그간 명나라에서 있었던 일을 자세하게 보고하고 수집한 책들과 각종 새로운 물건들을 내보였다. 또한 윤사웅은 장영실이 기지를 발휘해 곽수경의 간의를 자세히 살핀 일도 보고하였다.

그러자 세종 임금이 흡족한 표정으로 말했다.

"허허, 장영실의 기지가 정말 뛰어나구나. 그동안 일행 모두 수고했소. 책들과 기물들은 집현전 학자들과 함께 보고 연구하도록 하시오."

마침내 벼슬길에 오르다

노비의 신분을 벗고 상의원의 자리에 오르다

장영실은 명나라에서 가져온 책들을 읽으며 간의와 자동 물시계에 관한 공부에 더욱 열중했다. 하지만 그것들을 실제로 만드는 일은 쉽지가 않았다. 오랜 시간 동안 기술이 쌓여야만 가능한 일이었다. 이를 잘 아는 장영실은 끊임없이 공부하며 기술을 연마했다.

세종 임금은 이런 장영실의 모습을 보며 아무리 반대가 심하더라도 꼭 벼슬을 시켜 줘야겠다고 결심을 굳혔다. 면천도 되고 벼슬도 하면 좀 더 자유롭게 일할 수 있을 거라 생각한 것이다.

며칠 뒤, 세종 임금은 조정 신하들이 모인 자리에서 이런 뜻을 밝혔다.

"과인은 그동안 나라를 위해 애쓴 장영실에게 벼슬을 주려고 하오."

그러자 역시 예상대로 여러 신하들이 반대 의견을 내었다.

"면천을 시켜 노비의 신분에서 풀어 주는 것은 좋을 듯하나 벼슬까지 주는 것은 과한 일이옵니다."

"공이 있다고는 하나 천한 기생의 몸에서 태어난 자에게 벼슬까지 주게 되면 나라의 법도가 어지러워질까 두렵사옵니다."

하지만 세종 임금은 물러서지 않았다.

"내 아버지인 태종 임금께서도 장영실의 공을 인정하시어 벼슬을 주려 했으나 경들의 반대로 뜻을 물리셨소. 하지만 그 뒤로도 장영실은 물시계와 활자를 개량하는 일로 큰 공을 세웠고, 명나라에 가서 새로운 문물을 공부하고 많은 진귀한 책들을 구해 왔소. 장영실의 학식과 기술은 나보다도 경들이 더 잘 알고 계시리라 믿소. 이런 훌륭한 일꾼을 천한 출생이라 하여 무시한다면 어찌 나라와 백성을 위해 숨은 인재들이 나서겠소!"

세종 임금의 말에 신하들은 아무 답변도 할 수 없었다. 세종 임금이 말을 이었다.

"과인은 앞으로 진행될 천문 관측 사업에 장영실을 크게 쓰려 하오. 그러니 경들은 내 뜻을 헤아려 장영실에게 어떤 벼슬을 주는 것이 옳은지나 말해 보시오!"

세종 임금의 단호함에 조정 신하들은 모두 조용히 입을 다물었다.

잠시 뒤, 유정현이란 신하가 나서서 아뢰었다.

"전하, 장영실이 그동안 상의원에서 일을 하였으니 상의원의 벼슬을 주심이 마땅하다 생각하옵니다."

"그것 좋은 생각이오."

세종 임금이 흡족한 표정으로 어명을 내렸다.

"*승지는 들어라. 장영실을 상의원 별좌에 임명하고, 더불어 그의 어미를 면천시켜라!"

승지는 임금의 명령을 그대로 써 내려갔다.

"이보게 영실이! 자네에게 벼슬을 주라는 어명이 내렸네!"

이천이 장영실에게 소식을 전했다.

---

*승지 : 조선 시대에 왕명의 출납을 맡아보던 벼슬

"그것이 참말이옵니까?"

장영실이 놀라 물었다.

"참말이고말고! 상의원 별좌라네! 이 사람 그동안 고생이 많더니 이제야 복을 받는구먼!"

이천은 마치 자기 일처럼 기뻐하였다. 별좌라면 종5품 벼슬로, 작은 현의 으뜸 벼슬인 현감보다 두 단계나 높았다.

"전하! 성은이 망극하옵니다!"

장영실은 그 자리에 엎드려 임금이 계신 곳을 향해 절을 올렸다. 그리고 그대로 엎드린 채 한없이 눈물을 쏟아 냈다. 동래에 계신 어머니의 모습이 떠올라 더 이상 눈물을 참을 수 없었다. 태어나서 처음으로 흘려 보는 기쁨의 눈물이었다.

곁에 있던 이천도 눈물이 글썽글썽했다.

잠시 뒤, 승지가 어명이 담긴 교지와 관복을 들고 장영실을 찾아왔다.

장영실은 옷매무새를 정돈하고 다시 한번 임금이 계신 곳을 향해 절을 올린 뒤 어명을 받았다. 장영실에게 내려진 관복에는 호랑이 무늬가 수놓여져 있었다. 상의원 별좌는 무관의 벼슬이라 무관의 관복이 내려진 것이었다.

"장 별좌! 그렇게 차려입으니 이제야 제 모습을 찾은 것 같으이!"

이천이 관복을 입은 장영실을 대견스럽게 바라보며 말했다.

"모두 나리께서 보살펴 준 은혜입니다."

장영실이 공손히 대답했다.

장영실은 세종 임금 앞에 찾아가 큰절을 올리고 인사를 드렸다.

역사서에 남아 있는 장영실에 대한 기록

안승선에게 명하여 영의정 황희와 좌의정 맹사성에게 의논하기를, 행사직 장영실은 그 아비가 본디 원(元)나라 소항주 사람이고, 어미는 기생이었는데, 공교(솜씨나 꾀 따위가 재치가 있고 교묘하다)한 솜씨가 보통 사람에 비해 뛰어나므로 태종께서 보호하시었고, 나도 역시 이를 아낀다.

임인·계묘년 무렵에 상의원 별좌를 시키고자 하여 이조판서 허조와 병조판서 조말생에게 의논하였더니, 허조는 "기생의 소생을 상의원에 임용할 수 없다."고 하고, 조말생은 "이런 무리는 상의원에 더욱 적합하다."고 하여 두 사람의 의견이 일치하지 아니하므로 내가 굳이 하지 못하였다가 그 뒤에 다시 대신들에게 의논한 즉, 유정현 등이 "상의원에 임명할 수 있다." 하여 내가 그대로 따라서 별좌에 임명하였다.

장영실의 사람됨이 비단 공교한 솜씨만이 있는 것이 아니라 성질이 똑똑하기가 보통에 뛰어나서 매양 강무(임금이 신하와 백성들을 모아 일정한 곳에서 함께 사냥하며 무예를 닦던 행사)할 때에는 나의 곁에 가까이 모시어서 내시를 대신하여 명령을 전하기도 하였다.

-「세종장헌대왕실록」 중에서-

"전하! 저같이 천한 것에게 이런 영광을 주시니 성은이 망극하옵니다."

"모든 것이 경이 나라와 백성을 위해 일한 공이오. 이 점을 명심하여 앞으로도 나라와 백성을 위해 최선을 다해 주시오."

세종 임금이 환한 표정으로 말했다.

"이 몸이 부서지는 한이 있더라도 전하와 백성을 위해 최선을 다할 것이옵니다."

장영실이 감격에 겨운 목소리로 아뢰었다. 그러자 세종 임금이 미소를 지으며 말했다.

"장 별좌, 그동안 수고 많았소. 얼마간의 시간을 줄 테니 고향에 가서 어머니를 모셔 오도록 하오."

장영실은 세종 임금의 세심한 배려에 또다시 눈물을 터뜨렸다.

"전하! 성은이 망극하옵니다!"

동래에서 벌어진 잔치

장영실은 그동안 함께 일했던 사람들의 축하를 받으며 고향인 동래로 출발했다.

장영실은 어린 시절 허름한 옷을 입고 혼자서 걸어왔던 그 길을 이제는 멋진 관복을 차려입은 채 아랫사람들을 거느리고 말에 올라앉아 가고 있었다. 곧 어머니를 볼 수 있다는 생각에 가슴이 두 방망이질 쳤다.

여러 날이 지난 뒤, 장영실은 마침내 동래에 도착했다.

마을 입구에는 벌써 소식을 들은 마을 사람들과 동래 현감이 마중을 나와 있었다.

"별좌 나리, 어서 오십시오."

동래 현감이 반갑게 장영실을 맞았다.

"이렇게 마중을 나와 주니 정말 고맙소."

장영실은 현감의 손을 잡아 고마움을 표했다. 마을 사람들은 한양에서 벼슬을 하고 돌아온 장영실을 가까이서 보려고 서로 자리를 다투었다.

"현청에 환영 준비를 하라 일러 놓았으니 저와 함께 그쪽으로 가시지요."

동래 현감이 정중히 권했다.

"아니요. 먼저 어머니를 뵈어야 하니 집으로 가야겠소."

"참, 그렇군요. 그럼 먼저 어머니께 인사를 드리고 나서 저녁에

라도 들르시지요."

"고맙소. 꼭 그렇게 하리다."

인사를 마친 장영실은 다시 말에 올라 집으로 향했다.

길가에는 마을 사람들이 나와 *금의환향하는 장영실을 반갑게 맞아 주었다.

"저분이 예전에 관노로 있던 영실이야? 믿기지가 않네. 정말 몰라보게 기품이 넘치는구먼!"

"이 사람아, 말조심하게. 영실이가 뭐야? 종5품 별좌 나리께!"

의젓해진 장영실을 보고 사람들이 수군거렸다.

"그렇게 솜씨가 좋더니만 결국 저렇게 출세를 하네."

"우리 집 마차를 고쳐 줄 때 벌써 알아봤지! 보통 기술이 아니더라고!"

"우리 집 물레도 고쳐 줬는데 아직까지 고장 없이 잘 쓰고 있다니까!"

관노 시절 장영실의 도움을 받은 사람들은 뿌듯해하며 말했다.

집이 가까워 올수록 장영실은 마음이 바빠졌다. 드디어 집이 보였다. 사립문이 활짝 열려 있었다. 집 안은 온통 잔치 분위기로,

---

*금의환향 : 비단옷을 입고 고향에 돌아온다는 뜻으로, 출세하여 고향에 돌아가거나 돌아옴을 비유적으로 이르는 말

음식을 만드느라 마을 아주머니들이 분주하게 움직였다. 깨끗하게 쪽진 머리에 고운 한복을 차려입은 어머니는 마루에 나와 있다가 영실을 보자 버선발로 달려 나와 꼭 끌어안았다.

"영실아!"

"어머니!"

두 사람은 부둥켜안고 잠시 아무 말도 없이 기쁨의 눈물만 흘렸다.

떠들썩하던 마당이 갑자기 조용해졌다.

"못 본 지 10년이 넘었으니 얼마나 그리웠을까?"

"그래도 자식이 저렇게 성공해서 돌아왔으니 얼마나 기쁜 일이야."

"그럼, 영실이 어머니는 정말 복 많은 여자야."

아주머니들이 일손을 놓고 한마디씩 했다. 어떤 아주머니는 옷고름으로 눈물을 찍어 내기도 했다.

"자, 마당에서 이러지 말고 얼른 어머니 모시고 방으로 들어가십시오, 별좌 나리."

한 아주머니가 장영실의 등을 밀며 말했다. 그제야 장영실은 어머니를 모시고 방으로 들어가 큰절을 올렸다.

"장하구나, 내 아들! 얼마나 고생이 많았느냐? 이렇게 장한 모습으로 돌아오니 난 이제 죽어도 여한이 없다."

어머니는 영실의 손을 잡고 대견스러운 듯 토닥였다.

"무슨 말씀이세요, 어머니. 이제 제가 한양으로 모시고 가 편히 모시겠어요."

장영실은 그사이 많이 늙으신 어머니의 모습에 가슴이 아팠다.

"자, 이렇게 좋은 날에 눈물만 흘릴 수 없지. 술 한 잔씩하고 신나게 놀아 보자고!"

마을 아저씨 한 분이 큰 소리로 외치자 기다렸다는 듯이 잔치가 벌어졌다. 마을 사람들은 모두 자기 일처럼 기뻐했다.

저녁에는 동래 현청에서 환영 잔치가 열렸다. 동래 현청을 찾은 장영실은 감회가 새로웠다.

'이곳에서 지내는 동안 어려움도 많았지만 참 많은 걸 배웠지.'

장영실은 자신의 재능을 살려 준 전임 현감의 모습을 떠올리며 웃음 지었다.

'아버지 같이 돌봐 주시던 재복 영감님이 아직 살아 계실까?'

재복 영감 생각을 하자 코끝이 저려 왔다. 바로 그때 귀에 익은 목소리가 들렸다.

"별좌 나리! 어서 오십시오."

장영실의 눈에 머리가 하얀 노인이 눈물을 글썽이며 서 있는 모습이 보였다. 늙어서 머리가 하얗게 세긴 했지만 틀림없는 재복 영감이었다.

"영감님! 아직 살아 계셨군요!"

장영실은 단숨에 달려가 노인의 손을 붙잡았다.

"이렇게 훌륭한 나리님이 되신 걸 뵈니 너무 기쁩니다요."

재복 영감은 눈물이 가득 고인 눈으로 영실을 바라보았다.

"저도 영감님이 건강하신 걸 뵈니 마음이 놓입니다."

장영실의 눈에도 눈물이 고였다.

"자, 어서 안으로 드시지요."

언제 나왔는지 이방이 장영실을 안내했다. 본관으로 들어서자 동래 현감이 나와 윗자리를 권했다.

"현감, 이렇게 환대해 주시니 정말 고맙습니다."

장영실은 공손히 인사하고는 자리에 앉았다. 그러자 아전들이 인사를 올렸다. 이전에 장영실의 상전이었던 아전들은 자리가 거북한 듯 인사만 올리고는 재빨리 자리를 비켰다.

아전들의 인사가 끝나자 동네 어른들과 함께하는 환영 잔치가 시작되었다. 그런데 관의 행사에는 빠지지 않는 기생들이 이상하게도 한 명도 보이지 않았다. 동래 현감이 장영실의 어머니를 생각해서 기생을 부르지 않은 것이었다.

장영실은 현감의 세심한 배려에 깊이 감사했다. 덕분에 잔치는 소박하고 조촐하게 진행되었지만 장영실의 마음은 그 어느 잔치 때보다 즐거웠다.

며칠 뒤, 장영실은 어머니를 모시고 한양으로 출발했다.

조선 과학의 새 시대가 열리다

경점지기를 만들다

한양으로 올라 온 장영실은 조그만 집을 한 채 마련하여 어머니를 모셨다. 그리고 얼마 뒤, 주변 사람의 주선으로 장가를 들어 고운 색시도 맞이하였다.

생활에 안정을 찾아 마음이 편안해진 장영실은 전보다 더 열심히 일에 매달렸다.

얼마 뒤, 세종 임금은 장영실에게 기존에 쓰고 있던 물시계를 개량하도록 명을 내렸다. 장영실은 연구에 더욱 박차를 가했다.

　시계가 없던 시절에는 해의 위치로 낮 시간을 대강 짐작해 내었지만, 해가 없는 밤에는 시간을 알 수가 없었다. 이 때문에 해가 지는 시간부터 다음 날 해가 뜰 때까지의 시간을 다섯으로 나누어 '경'이라 부르고, 경이 되면 종을 쳐서 백성들이 시간을 알 수 있게 했다. 이때 시간은 물시계를 사용해 알아냈다.

　물시계는 물을 가득 부은 큰 항아리에 구멍을 내어 물이 일정하게 떨어지게 한 뒤, 아래에 대어 놓았던 항아리에 고이는 물의 높이로 시간을 재는 시계이다. 따라서 물시계가 정확하게 작동하려면 구멍의 크기를 잘 조절하여 물이 일정하게 떨어지도록 해야 한다.

　그런데 당시에 사용하던 물시계는 낡은 것이라 시간이 잘 맞지 않았다. 또한 시간을 재는 물 항아리에 물이 가득 차면 다시 장치하느라 얼마간 시간을 재지 못하는 불편함이 있었다.

　장영실은 명나라에서 가져온 책에서 얻은 지식과 자신의 기술을 발휘하여 몇 달 만에 새로운 물시계를 만들었다. 새 물시계는 물이 항상 일정하게 흐르도록 하기 위해 항아리 세 개를 거치도록 했다. 시간을 재는 단위도 더욱 정밀하게 만들어 경을 다시 다섯

'점'으로 나누었다. 또한 같은 물시계 두 개를 나란히 두어, 한 물시계에 물이 다 차면 바로 옆의 물시계를 작동하게 했다. 그렇게 하면 다시 항아리를 장치하느라 시간 재는 일을 멈추지 않아도 되었다.

세종 임금은 장영실이 새로 만든 물시계를 보고 크게 기뻐했다.

"과연 경의 솜씨는 참으로 놀랍소! 이 시계는 경과 점을 모두 알 수 있으니 '경점지기'라고 부르는 것이 좋겠소."

세종 임금은 즉석에서 장영실이 새로 만든 물시계의 이름까지 지어 주었다. '경점지기'란 경과 점을 가리키는 시계라는 뜻이다.

장영실은 경점지기를 만든 공으로 한 계급 승진하여 정5품 행사직의 벼슬에 올랐다.

한편 세종 임금은 천문 관측 사업을 위한 준비를 꾸준히 진행시켰다. 집현전 학자 중 천문과 산술에 밝은 학자들을 계속 중국으로 보내 자료 수집과 역법에 관한 공부를 하도록 했다.

장영실은 보다 정확한 시계를 만들기 위한 연구를 계속했다. 경점지기는 매우 정교하게 만든 시계이나 일일이 사람이 옆에 지키고 있다가 시간을 재야 하는 불편함이 있었다. 게다가 사람이 하는 일이란 때때로 실수가 따르기 마련이어서 시계를 지키는 사람이 잠시 한눈을 팔다가 시간을 제때 알리지 못하는 일이 발생하기도 했다. 이런 일이 벌어질 때마다 시간을 재는 사람은 큰 벌을 받아야 했다.

이 일을 안타깝게 생각한 장영실은 사람이 지키지 않아도 스스로 시간을 알려 주는 자동 물시계를 만들기로 결심했다. 하지만 수많은 장치들이 조화를 이뤄야 하는 자동 물시계를 만드는 데는 많은 시간이 필요했다.

서운관의 예보는 왜 틀렸을까

세종 4년 초하루의 일이었다. 기상 관측을 담당하는 서운관에서 이날 일식이 일어날 것이라는 예보를 하였다.
그날 오후 세종은 신하들과 함께 소복 차림으로 예정대로 일식을 무사히 치르기 위한 예식을 올렸다. 그런데 식이 끝난 뒤 일식을 1각(시간의 단위로 1각은 약 15분) 앞당겨 예보한 서운관 이천봉에게 장형(죄인을 큰 형장으로 볼기를 치던 형벌)이 내려졌다. 예보가 왜 틀린 것일까? 그때까지 조선은 명나라에서 수입한 역법에 따른 시간을 사용하고 있었기 때문에, 시각의 차이가 날 수밖에 없었다. 이후 세종은 우리나라 실정에 맞는 역법을 만들어야 함을 절실하게 느끼고, 천문 과학 산업에 적극적인 투자를 아끼지 않았다.

혼천의와 간의를 만들다

어느덧 세월이 흘러 세종이 임금이 된 지도 14년이 되었다.

세종 임금은 천문 관측 사업과 금속 활자 개량 사업, 훈민정음 연구를 동시에 야심 차게 밀고 나갔다. 그동안 여러 방면의 자료를 수집하고, 연구를 꾸준히 진행해 온 덕에 이 해부터는 여러 사업들이 서서히 결실을 맺기 시작했다.

천문 관측 사업과 금속 활자 개량 사업은 이천이 총 책임을 맡고 진행하였는데, 이론적인 연구에는 정초, 정인지, 이순지 등 집현전 학자들이 동원되었다. 물론 기계와 활자를 직접 만드는 일은 장영실이 책임을 맡아 진행했다.

제일 먼저 결실을 본 것은 간의와 혼천의였다.

간의는 혼천의를 간략하게 만든 것으로, 나무 모형이 실험에 성공한 뒤 구리로 다시 제작하였다.

혼천의는 천체를 관측하는 가장 기본 기구로 해, 달, 별의 움직임을 한눈에 볼 수 있도록 설계된 기구였다. 이 기구를 사용하면 지구상에서 우리나라가 어디에 위치하고 있는지를 정확하게 알 수 있었다. 혼천의는 간의가 만들어지고 1년 뒤인 1433년에 만들어졌다.

세종 임금은 간의와 혼천의를 만드는 현장에 자주 나와 일의 진행 상황을 보고받고, 학자들과 기술자들을 격려했다.

드디어 간의와 혼천의가 완성되자 세종 임금은 크게 기뻐했다.

혼천의 천체의 운행과 그 위치를 관측하는 데 쓰였던 기기. 지평선을 나타내는 둥근 고리와 지평선에 직각으로 교차하는 자오선을 나타내는 둥근 고리, 하늘의 적도와 위도 따위를 나타내는 눈금이 달린 원형의 고리를 한데 짜맞추어 만들었다.

"그동안의 노력이 결실을 맺는구나. 이것으로 우리나라의 위치를 정확하게 찾을 수 있게 되었도다!"

세종 임금은 간의와 혼천의를 살펴보며 기쁜 표정을 숨기지 않았다. 마침내 조선만의 독자적인 시간으로 백성들이 편하게 생활할 수 있는 길이 열렸기 때문이다.

세종 임금은 신하들을 수고를 격려하고, 이천에게 간의를 설치할 간의대를 만들라 지시했다.

간의와 혼천의를 만들어 낸 장영실과 학자들은 계속해서 여러 가지 천체 관측기구를 만들었다. 궁궐 안은 새로 시작된 각종 공사로 떠들썩했다. 공사는 한 해를 넘겨 계속됐다.

또한 주자소에서는 금속 활자를 개량하는 일도 착착 진행되고 있었다.

이렇게 많은 일이 한꺼번에 진행되는 가운데에도 장영실은 시간을 쪼개 자동 물시계 만드는 일에 노력을 쏟았다.

조선의 시간을 찾아라

드디어 자격루를 완성하다

장영실은 자동 물시계를 만들기 위해 벌써 10년 동안이나 연구를 계속하고 있었다. 그동안의 연구로 자동 물시계는 거의 완성 단계에 와 있었다. 하지만 한 가지 문제점이 해결되지 않고 있었다.

장영실의 자동 물시계는 물의 높이에 따라 지렛대가 움직이면 시간을 알리는 인형이 종을 치는 구조로 되어 있었다. 하지만 지렛대가 천천히 움직이기 때문에 인형이 종을 치기에는 힘이 너무

약했다. 정확한 시간에 인형이 종을 칠 수 있으려면 뭔가 더 큰 힘이 필요했다.

 장영실은 밤낮을 가리지 않고 실험을 거듭했다. 그러나 좀처럼 해결책을 찾기 어려웠다.

 "이러다 자네 큰일 나겠네! 얼굴이 반쪽이 됐어."

 밤낮없이 연구에 몰두하느라 핼쑥해진 장영실을 보고 이천이 걱정스럽게 말했다.

 "아직 괜찮습니다."

 장영실이 희미하게 웃으며 말했다. 아무렇지도 않다고 말은 하지만, 이천이 보기에는 곧 쓰러질 것 같았다.

 "안 되겠네! 자네 아무래도 큰 병 날 것 같아! 당장 그 손 놓고 집에 가서 며칠 푹 쉬게!"

 이천은 괜찮다는 장영실을 강제로 조퇴시켜 집으로 보냈다.

 집에 돌아 온 장영실은 이천의 예상대로 크게 앓았다. 피로가 쌓이고 쌓여 그만 몸살이 난 것이었다. 온몸이 불덩이처럼 열이 나는데도 장영실은 물시계 생각만 했다. 그러나 해결책은 떠오르지 않았고, 밤마다 악몽에 시달렸다.

 그러던 어느 날, 설핏 잠이 든 장영실은 또다시 꿈을 꾸었다. 이번에는 커다란 쇠공이 장영실을 쫓아다니는 꿈이었다. 장영실이 아무리 이리저리 달아나도 쇠공은 끝끝내 장영실을 쫓아다녔다. 마침내 힘이 빠져 털썩 주저앉자 커다란 쇠공이 덮쳤다.

"아악!"

장영실은 비명을 지르며 잠에서 깨어났다. 온몸이 땀으로 흠뻑 젖어 있었다. 지독한 악몽이었다.

비명 소리에 놀란 부인이 달려왔다.

"여보, 괜찮아요?"

"괜찮소. 꿈을 꾼 것뿐이니 물이나 한 대접 갖다주시오."

장영실은 마른입을 다시며 말했다. 냉수를 한 대접 들이켜고 정신을 차렸다. 그러자 조금 전에 꾼 꿈이 생생하게 떠올랐다

'참 묘한 꿈이야. 커다란 쇠공이라니…….'

그런데 잠시 뒤, 앉은 채 곰곰이 생각에 빠진 장영실의 표정이 점점 환하게 빛났다.

"바로 그거야! 찾았어! 해결책을 찾았다!"

장영실은 자리를 박차고 일어나 단숨에 궁궐로 달려갔다.

"이 사람, 좀 더 쉬지 않고. 몸은 좀 나은 거야?"

급히 달려온 장영실을 보고 이천이 걱정스런 표정으로 물었다.

"나리, 해결책을 찾았습니다! 자동 물시계를 완성시킬 해결책을 찾았다고요!"

장영실이 흥분해서 소리쳤다.

"해결책이라니?"

이천이 의아한 표정으로 되물었다.

"바로 이겁니다!"

장영실은 다짜고짜 이천 앞에 손에 든 물건을 쑥 내밀었다. 그것은 쇠구슬이었다. 쇠구슬을 이용하면 종을 치게 할 큰 힘을 만들어 낼 수 있었다. 물이 고이는 높이에 따라 천천히 움직이던 지렛대가 일정한 높이에 이르면 쇠구슬이 담긴 그릇이 뒤집어진다. 그러면 쇠구슬이 굴러떨어지고, 이 쇠구슬은 미리 파 놓은 길을 따라 빠르게 굴러 인형에 연결된 그릇으로 떨어진다. 이때 무거운 쇠구슬이 떨어지는 힘에 의해 인형이 종을 치게 되는 것이다.

장영실은 곧바로 실험을 해 보았다. 실험은 성공적이었다. 생각대로 무거운 쇠구슬이 떨어질 때 힘이 매우 커져 인형이 종을 힘차게 울렸다.

"기가 막힌 생각일세!"

옆에서 지켜보던 이천이 소리쳤다.

자격루 자격루는 이름 그대로 자동 시보 장치가 붙은 물시계이다. 해가 없는 밤이나 흐린 날에도 시간을 알기 위해 만들었다. 청동으로 된 물항아리 3개와 물받이용 항아리 2개, 그리고 시보 장치로 구성되어 있다. 자동 시보 장치는 각각 시·경·점에 따라 종·북·징이 울리거나 시패를 든 인형이 나타나 시를 알려 준다. 세종 때 만든 자격루는 모두 사라지고 지금은 남아 있지 않으며, 사진은 1536년에 만든 것으로 덕수궁에 있다.

그로부터 한 달쯤 지난 뒤, 마침내 장영실은 자동 물시계를 완성하여 세종 임금께 바쳤다. 완성된 물시계는 세 개의 인형이 각각 종, 북, 징을 시, 경, 점의 시간에 맞춰 울렸으며, 각 시마다 그 시를 뜻하는 열두 동물의 인형이 나타났다 사라졌다.

"이렇게 신기할 수가! 경은 참으로 놀라운 기술을 지녔도다!"

장영실이 만든 자동 물시계의 시험을 지켜본 세종 임금은 장영실의 기술에 칭찬을 아끼지 않았다.

이 자동 물시계는 스스로 시간을 알려 주는 물시계란 뜻의 '자격루'라는 이름으로 불렸다. 자격루의 발명은 세계적으로 큰 의미가 있었다. 이때까지 자동 물시계를 만든 나라는 조선을 포함해 전 세계에 단 *세 나라밖에 없었다. 조선의 과학 기술 수준은 그만큼 세계적으로 앞서 있었다.

또한 자격루는 시간을 자동으로 알려 주기 때문에 사람이 옆에서 지켜보지 않아도 되었다. 따라서 시간을 잘못 재었다거나 제시간에 항아리의 물을 버리지 않았다고 벌을 받는 일도 사라졌다.

*세 나라 : 조선, 아라비아, 중국

조선만의 시간을 갖게 되다

간의와 자격루의 발명으로 세종 임금이 추진하던 천문 관측 사업의 목표도 거의 달성되어 가고 있었다.

세종 임금은 보루각이라는 건물을 지어 장영실이 만든 물시계를 설치하고, 조선 표준 시계로 삼도록 하였다. 자격루의 시간은 간의로 측정해 낸 한양의 위치에 맞추었다. 이로써 우리나라는 세계에서 세 번째로 자기 나라만의 기준 시간을 가진 나라가 됐다. 그전까지 조선은 명나라의 북경을 기준으로 한 시간을 사용하고 있었다.

이천을 중심으로 장영실과 천문학자들은 쉬지 않고 천문 관측 기구들을 만들어 냈다. 이에 따라 간의를 축소시킨 소간의, 그림

표준 시간을 알렸던 보루각

경복궁에 보루각이 설치된 것은 세종 15년의 일이다. 『세종실록』에 의하면 세종 16년 음력 7월 초하루에 처음으로 표준 시간을 알리기 시작한 것으로 기록되어 있다. 보루각은 세 칸짜리 건물로 그 안을 동서로 나눈 다음, 동쪽 칸에는 시보 장치, 서쪽 칸에는 물시계, 가운데 칸에는 층층으로 마루를 놓고 물시계의 항아리들을 배치할 수 있게 하였다. 또한 서쪽 칸에는 설치한 물시계의 항아리에 물을 공급하는 층계 등 부대시설을 설치하였다.

앙부일구 조선 시대의 해시계. 앙부일구는 '솥을 떠받치고 있는 모양의 해시계'라는 의미이다. 종로1가 혜정교와 종로4가 종묘 앞에 크게 만들어 세워 오가는 사람들이 시간을 알 수 있도록 했던 최초의 공공 시계였다. 청동으로 만들어진 반구 속에 그림자 침이 세워져 있고, 반구 바닥에는 그림자의 위치를 나타내는 선과 절기를 나타내는 선이 수직으로 그어져 있다. 그림자의 길이에 따라 절기를 재고, 그림자 끝의 위치에 따라 시간을 알 수 있도록 만들어졌다. 하지만 날이 흐리거나 비가 오는 날에는 사용할 수가 없는 단점이 있었다. 안타깝게도 세종 임금 때 만들어진 앙부일구는 남아 있지 않다.

자를 이용하여 낮의 길이와 절기를 알 수 있는 동표, 별시계, 해시계 등이 연달아 세상에 나왔다.

특히 장영실이 만든 해시계는 시간뿐만 아니라 절기까지도 함께 알 수 있어서 사람들의 감탄을 자아냈다. 장영실은 해 그림자가 비치는 바닥을 반원형으로 파내 그곳에 시간과 절기를 함께 새

겨 넣었는데, 이는 아주 독창적인 생각이었다. 이 시계는 마치 솥단지 같이 생겼다 하여 '앙부일구' 혹은 '앙부일영'이라고도 불렸다. 세종은 이 시계를 한양 네 곳에 설치하여 백성들로 하여금 시간을 쉽게 알 수 있게 했다.

"볼수록 신기한 시계일세. 시간은 물론이고 절기까지 한눈에 알 수 있으니 나같이 건망증이 심한 사람에게는 꼭 필요한 물건 아닌가?"

"그뿐인가. 이 시계 덕에 성문이 닫히는 시간을 정확히 알 수 있으니 우리 같은 장사치에게도 꼭 필요한 물건일세!"

"장영실이란 사람이 만들었다는데 정말 귀신 같은 재주를 지녔구먼!"

백성들은 거리에 설치된 앙부일구를 구경하며 장영실의 재주를 칭찬했다.

앙부일구 덕분에 정확한 시간을 알게 되자 백성들은 좀 더 계획적인 생활을 할 수 있었다.

이 밖에도 장영실은 휴대용 해시계와 군사용 이동 물시계인 행루를 잇달아 만들어 어디서든지 정확한 시간을 알 수 있게 했다.

한편 천문학자 이순지는 이 모든 기구들을 동원해 측정한 자료를 가지고 계절이 바뀌는 절기뿐만 아니라 달그림자가 해를 가리는 일식, 지구 그림자가 달을 가리는 월식도 정확하게 계산할 수 있는 조선 최초의 독자적인 역서인 『칠정산내·외편』을 편찬했다.

조선만의 독자적인 역서 편찬은 정확한 절기의 계산을 가능케

하여 백성들이 보다 효율적으로 농사를 지을 수 있게 해 주었다. 이는 정말 대단한 일이었다.

이로써 세종 임금이 추진한 천문 관측 사업은 성공리에 마무리되었으며, 조선은 자기만의 시간을 지닌 진정한 독립 국가로서의 위상을 갖추게 되었다.

장영실은 이 사업을 훌륭하게 진행한 공으로 정4품 벼슬인 호군에 임명되었다.

조선 최초의 독자적인 역서 『칠정산내·외편』

칠정산은 7개의 별(해, 달, 화성, 수성, 목성, 금성, 토성)을 관측하여 우주의 운행을 계산하는 책이란 뜻을 갖고 있다. 칠정산에서는 한 달의 길이를 29.530593일로 잡았는데, 오늘날의 29.530588과 거의 차이가 없다. 칠정산이 만들어진 1442년 당시 자기 나라만의 시간을 계산할 수 있는 나라는 중국, 아라비아 그리고 조선뿐이었다.

조선 최고의 발명왕이 되다

임금이 사랑한 발명가

한편 새로 만드는 금속 활자도 거의 마무리되어 가고 있었다. 이 일은 무려 20만 개의 활자를 만들어야 하는 거대한 사업이었다.

이천과 장영실은 10여 년 전에 만든 경자자의 단점을 고쳐 활자를 더욱 평평하고 바르게 만들었다.

책을 잘 찍으려면 활자도 균일하고 좋아야 하지만 활자를 틀에 고정시키는 방법도 중요했다. 이전에 만든 활자들은 틀에 밀을 녹여 넣어 고정시키는 방법을 썼다. 하지만 이 방법은 밀이 금방 물러져서 몇 장만 인쇄하면 활자가 흔들리게 돼 불편한 점이 많았다.

장영실은 밀보다 싸고 더 효율적인 재료로 활자를 고정시킬 수 없을까 생각했다. 그러자면 우선은 단단하면서도 활자 사이의 틈을 메우는데 불편함이 없도록 다루기 쉬운 재료를 찾아야 했다. 하지만 틈을 메우기 수월한 재료들은 아무래도 재질이 약해 금방 흔들려 버렸다. 반대로 재질이 단단한 재료들은 다루기가 어려워 활자 사이의 가는 틈을 메우는 데 맞지 않았다.

그러던 어느 날, 장영실은 딱 맞는 재료를 찾아냈다. 수백 가지를 실험한 끝에 나온 결실이었다.

"대나무예요! 대나무를 틈에 맞게 깎아서 활자 사이에 끼우면 단단하게 고정시킬 수 있어요!"

장영실은 이 소식을 얼른 이천에게 전했다.

"과연 그렇군! 이제 문제가 완전히 해결됐으니 책을 찍는 일만 남았어!"

이렇게 만든 활자는 1434년(세종16년) 갑인년에 완성되어 '갑인자'라는 이름이 붙여졌다. 갑인자는 이전 활자의 결점을 극복한 획기적인 발명품이었다. 또한 활자를 고정시키는 방법을 바꾼 덕에 이전 활자보다 두 배나 빠른 속도로 인쇄할 수 있었다.

　호군의 벼슬을 받은 장영실은 세종 임금의 은혜에 깊이 감동했다. 천한 기생의 아들이 오늘의 자리에 있을 수 있었던 것은, 수많은 신하들의 반대를 물리치고 기꺼이 등용하여 준 세종 임금 덕분이었다.
　대규모 사업이 모두 끝나고 조금 한가해지자 장영실은 세종 임금을 위한 특별한 물건을 만들 계획을 세웠다.
　그것은 바로 제왕의 시계였다. 예로부터 제왕은 하늘과 땅의 이치를 알고 백성을 이끌어야 할 책임이 있었다. 장영실이 생각한 제왕의 시계는 우주의 운행과 계절 및 절기의 흐름을 한눈에 볼 수 있는 시계였다.
　장영실은 우선 자격루를 시계의 기본으로 삼아 여러 가지 장치를 새로 붙인 설계도를 그려 나갔다.
　"천하를 한눈에 본다는 뜻이 담겨 있어야 하니까 가운데 땅을 뜻하는 커다란 산을 만들고, 그 위로 하늘을 뜻하는 해와 달을 두어야겠군."

장영실의 설계도 중앙에 산과 해가 생겼다.

"산의 사방에는 네 방향을 지키는 네 분의 신을 모시고……."

이번에는 동서남북 네 방향에 각각 *청룡, *백호, *주작, *현무의 네 신이 나타났다.

"시간을 나타내는 동물들은 산 아래 둘러 배치하고……."

산 아래 둘레에 12개의 구멍이 나고 그 안에 각각 시간을 알리는 12동물의 그림이 그려졌다.

마침내 설계도가 완성되자 영실은 곧 이 새로운 시계를 만들기 시작했다.

그로부터 몇 달 뒤, 마침내 영실은 시계를 완성했다. 영실은 시계의 이름을 임금을 뜻하는 '옥'자를 넣어 '옥루기륜'이라 붙였다. '옥루기륜'이란 수레바퀴로 움직이는 임금의 시계란 뜻으로, 줄여서 '옥루'라고도 불렀다.

1438년(세종20년), 영실은 여러 신하들이 지켜보는 가운데 세종 임금을 모시고 옥루를 선보였다.

"이렇게 아름다운 시계는 처음 보오! 과연 장호군은 *신기를 가졌구려!"

---

*청룡 : 푸른 용   *백호 : 흰 호랑이   *주작 : 봉황새   *현무 : 거북
*신기 : 신의 기술

옥루를 본 세종 임금은 기쁨을 감추지 못했다.

종이로 만든 1.5미터 높이의 산이 중앙에 있고, 시간에 따라 해와 달이 번갈아 뜨는가 하면 시각을 나타내는 동물 인형이 나타나 종을 치는 모양은 시계를 넘어 하나의 예술작품이었다.

"신이 아니라면 어떻게 저런 걸 만들겠는가!"

"장호군은 조선 최고의 발명가일세!"

"그렇고말고!"

함께 지켜본 신하들 역시 입을 모아 장영실의 작품을 칭찬 했다.

장영실의 기술은 이제 절정에 올라 있었다. 옥루는 임금이 늘 가까이서 볼 수 있도록 임금의 처소 옆에 '흠경각'이란 건물을 새로 지어 설치하였다. '흠경각'이란 흠모하고 존경하는 집이란 뜻

세종대왕을 위한 궁중 물시계, 옥루

장영실은 경점시기와 자격루를 성공적으로 만든 뒤 1438년, 세 번째 물시계인 옥루를 만들었다. 옥루는 자격루보다 더 정교한 물시계로, 천한 노비의 신분에서 높은 벼슬자리까지 오르게 해 준 세종에 대한 고마움의 뜻으로 만들어졌다. 옥루는 자격루와 마찬가지로 인형을 이용해 자동으로 시간을 알렸다. 또한 배경으로 사계절 경치를 만들어 놓았으며 금으로 해를 만들어 절기에 따라 하늘의 해와 만나게 했다.

으로 세종 임금에 대한 영실의 마음을 나타낸 이름이다.

옥루가 완성되고 얼마 뒤, 장영실은 종3품 벼슬인 대호군으로 승진하였다.

아름다운 우리 강산

*채방별감이 되어 나라를 돌아보다

"무기들을 개량하려면 좋은 쇠붙이가 많이 필요한데, 이 일을 잘 처리할 만한 사람 어디 없을까?"

어느 날, 이천이 장영실을 찾아와 물었다.

"질 좋은 쇠붙이를 얻으려면 쇠붙이를 캐는 것부터 *제련하는 과정까지 확실하게 아는 사람이어야 하겠군요."

"그럴 만한 사람을 혹시 알고 있는가?"

---

*채방별감 : 광물의 채광과 제련을 감독하기 위해 파견되는 관리에게 내려진 임시 벼슬
*제련 : 광석을 용광로에 넣고 녹여서 그 속에 들어 있는 금속을 분리, 추출하여 정제하는 일

"그런 일이라면 제가 가장 적임자 아닙니까?"

장영실이 유쾌하게 웃으며 말했다.

"물론 자네라면 더할 나위 없는 최고 적임자지. 하지만 자네는 바쁜 사람 아닌가."

이천은 장영실의 말을 농담으로 받아들였다.

"여기서 제가 해야 할 일은 거의 끝났습니다. 제게 맡겨 주십시오."

장영실이 다시 정색하고 말했다.

이 일은 나라 곳곳의 광산을 돌아다녀야 해서 오랜 시간 집을 떠나 객지에서 생활해야 하는 고된 일이었다. 그런 까닭에 아무도 선뜻 나서려 하지 않았다. 그런데 장영실이 맡겠다고 나선 것이다.

"자네가 맡아 준다면 나야 좋지만……."

이천은 잠시 망설였다.

"그럼, 제게 맡겨 주십시오."

장영실이 씩씩하게 대답했다.

"고맙네!"

이천은 어려운 일을 마다않고 스스로 나서 주는 장영실의 마음이 정말 고마웠다.

며칠 뒤, 세종 임금은 장영실에게 채방별감이라는 벼슬을 내리고 격려했다.

"이렇듯 어려운 일을 경이 선뜻 맡아 주니 고맙소. 몸 건강히 잘 다녀오시오."

장영실은 임금께 인사를 드리고 물러 나왔다.

다음 날, 장영실은 경상도를 향해 출발했다.

며칠 말을 달려 문경 새재에 오르자 불현듯 옛일들이 스쳐 지나갔다. 동래 현감의 추천을 받아 한양에 갈 때와 상의원 별좌의 벼슬을 받고 어머니를 모시러 갈 때, 그리고 다시 어머니를 모시고 한양으로 올 때, 그때마다 장영실은 이 고개를 넘었다. 문경 새재의 경치는 예나 지금이나 변함이 없었다.

"젊은 날 이 고개를 넘어올 땐 꿈도 많았는데, 난 그 꿈을 이룬 것일까?"

장영실은 나지막한 소리로 중얼거렸다. 처음 이 고개를 넘어 온 지 벌써 20여 년이라는 세월이 훌쩍 흘러갔다. 그런데 이제 다시 채방별감이 되어 이 고개를 넘어가고 있는 것이다. 감회가 남다를 수밖에 없었다.

하지만 장영실은 아직 자기 물음에 대답할 수 없었다. 이런저런 생각을 하는 동안 어느새 경상도 땅에 닿아 있었다.

경상도에는 철, 구리, 납 등의 쇠붙이를 생산하는 광산이 십여 개 있었다. 장영실은 이들 광산에 차례로 들러 작업 과정을 살펴보았다. 새로운 문물이나 기술을 접하기엔 어려운 환경 탓인지 작업 수준은 형편없었다. 장영실은 며칠씩 묵으며 쇠를 다루는 새로운 기술들을 가르쳐 주었다. 한양에서 온 별감이 팔을 걷어 부치고 일을 하자 광부들이며 감독하는 관리들이 황송해하며 어쩔 줄 몰라 했다.

"여러분이 생산하는 쇠붙이로 나라를 지키는 병장기며 농사에 쓰일 농기구들을 만듭니다. 그러니 여러분은 나라와 백성을 위해 큰일을 하는 것입니다."

장영실은 고생하는 광부들을 격려하며 말을 이었다.

"쇠붙이는 처음 제련하는 과정에서 잘해 놔야 이후 작업이 쉬워지고 훌륭한 물건으로 태어날 수 있습니다. 지금부터는 새로 배운 기술을 활용하여 질 좋은 쇠붙이를 많이 생산해 주십시오."

장영실의 격려에 광부들은 한껏 사기가 올랐다. 장영실은 며칠 더 머무르며 광부들의 어려움을 일일이 파악하여 기록했다.

나라가 발전하려면 쇠붙이가 많이 필요했다. 따라서 훌륭한 철 광산을 개발하는 것은 아주 중요한 일이었다.

장영실은 광산 방문을 하는 중간중간에 지역 현감과 광부들의 도움을 받아 몇 군데 훌륭한 철광산을 찾아냈다. 그럴 때마다 광부들은 그의 탁월한 안목에 놀라워했다. 이러한 장영실의 안목은 거저 얻어진 것이 아니었다. 장영실은 끊임없이 하늘과 땅에 대한 공부를 하고, 새로운 지식과 기술을 익히는 일을 게을리 하지 않았다. 이런 그의 노력이 이곳에서도 빛을 발한 것이다.

백성들의 정겨운 삶

장영실은 광산을 보러 가는 길에 여러 고을을 거치면서 백성들의 생활도 두루 살폈다.

지방은 한양처럼 물자가 풍부하지 않아 어려움이 많았다. 그러나 세종 임금이 실시한 여러 가지 정책으로 넉넉하지 않은 살림살이에도 불구하고 백성들의 삶은 안정되어 보였다.

백성들은 해가 뜨면 들에 나가 열심히 일하고, 해가 지면 가족들과 함께 맛있게 저녁을 먹고 잠자리에 들었다. 또 가끔은 무슨 좋은 일이 있는지 동네잔치가 열렸다. 그런 날이면 서로 조금씩 장만한 음식과 술을 나누며 밤 늦게까지 노래하고 춤추며 놀았다.
 장영실은 백성들의 살아가는 모습을 보며 한없는 정겨움을 느꼈다.
 '언젠가 한양에서 할 일이 없어지면 어머니를 모시고 고향으로 내려와 저들과 함께 어울려 살고 싶다. 망가진 농기구며, 물레며, 수레며, 소반 같은 것들을 고쳐 주며 살면 얼마나 행복할까!'
 장영실은 백성들이 정겹게 살아가는 모습이야말로 가장 아름다운 삶이라는 생각이 들었다.

 몇 달 동안의 임무를 마친 영실은 다시 한양으로 올라왔다.
 "대호군, 수고가 많았소."
 세종 임금은 임무를 무사히 마치고 돌아온 장영실을 격려했다.
 장영실은 그동안 보고 겪은 광산의 일과 백성들의 모습을 낱낱이 아뢰었다. 보고를 들은 세종 임금은 일일이 담당 신하를 불러 고쳐야 할 문제는 고치고, 상을 줄 일이 있는 곳에는 상을 내리도록 어명을 내렸다.

장영실은 임금님을 뵙고 나오자마자 이천을 찾아갔다.

"그동안 수고 많았네! 자네 덕에 한양으로 올라오는 쇠붙이의 품질이 한결 좋아졌다네."

이천은 장영실을 칭찬하며 반갑게 맞아 주었다.

"오랜 만에 뵈오니 정말 반갑습니다."

장영실이 고개를 공손히 인사드렸다.

'나리도 이젠 나이가 들어 보이시는군요. 나리가 아니었으면 제가 어떻게 이 자리까지 올 수 있었겠습니까. 나리, 정말 고맙습니다.'

장영실은 마음속으로 다시 한번 공손히 인사를 올렸다.

"자, 이리 오시게. 그동안 자네가 없어 얼마나 아쉬웠는지 모른다네. 자네가 할 일이 아주 많아!"

이천이 앞서가며 기분이 좋은 듯 들뜬 목소리로 외쳤다.

한참 만에 궁궐로 돌아 온 장영실도 왠지 모를 설렘에 기분이 들떴다.

세계 최초로 측우기를 발명하다

세계 최초의 발명품

그동안 자리를 비운 탓에 한양에는 여러 가지 일들이 밀려 있었다. 장영실은 하나씩 차근차근 해결해 나갔다.

이천은 여전히 변함없이 무기 개량 사업에 매달려 있었다.

장영실이 보기에도 이천은 정말 대단한 사람이었다. 해박한 과학 지식을 가지고 끊임없이 새로운 무기를 개발해 내는가 하면, 왜구나 오랑캐가 침입하면 지체 없이 병사들을 이끌고 나가 단숨에 무찔러 버렸다. 게다가 사람을 아우르는 통솔력과 추진력도 뛰어나 방대한 사업이었던 천문 관측 사업을 무리 없이 성공으로 이끌었다.

"자네가 돌아오니 천군만마를 얻은 것 같네!"

이천은 장영실만 보면 칭찬과 격려를 아끼지 않았다. 이런 이천이 장영실에게는 그 누구보다 든든한 후원자였다.

장영실은 이제 이천을 도와 화약과 대포 등 각종 신무기 개발에 열정을 쏟았다.

한편 세종 임금은 백성을 위한 여러 가지 사업들을 꾸준하게 진행하고 있었는데, 농사법을 연구하는 것도 그중 하나였다.

세종 임금은 나라의 가장 중요한 산업인 농업을 발전시켜야 백성들이 편하고 나라가 튼튼해진다고 믿었다. 그래서 각 도 관찰사에게 어명을 내려 그 고을에서 농사 짓는 법을 조사하여 보고하게 하였다. 이렇게 하여 모인 보고서에는 성공한 농사와 실패한 농사 이야기, 비가 많이 온 해의 농사 경험과 가뭄이 심할 때의 농사 경험 등이 담겨 있었다. 세종 임금은 정초에게 명을 내려 이 정보들을 정리하여 『농사직설』이라는 책으로 엮어 내게 했다.

농사를 잘 지으려면 물을 잘 이용해야 했다. 조선 초기부터 전국 고을 수령들은 비가 오면 비의 양을 재어 한양에 보고했다. 1년 동안 비가 내리는 시기와 비의 양을 정확하게 알아내어 논이나 저수지에 물을 담아 놓을 때와 물을 내보내야 할 때를 정하기 위해서였다. 이를 잘못하면 홍수와 가뭄으로 많은 고통을 겪어야 한다.

하지만 각 고을마다 비의 양을 재는 법이 달라 정확한 통계가 잡히지 않았다. 세종 임금은 좀 더 정확한 정보를 얻기 위해 직접 비의 양을 8가지로 구분하기도 했다. 그러나 그렇게 해도 보는 사람의 눈에 따라 비의 양이 들쭉날쭉하여 효과가 적었다.

어느 날, 세종 임금은 여러 신하들이 모인 자리에서 이 문제를 논의하였다.

"비의 양을 재는 기준이 없어 각 고을마다 내린 비의 정확한 양을 알 수 없으니 이를 어찌하면 좋겠소?"

여러 신하들이 갖가지 의견을 내었으나 뚜렷하게 해결책이 될 만한 것은 없었다. 그때 회의에 참석했던 세자가 나서며 말했다.

"일정하게 비의 양을 잴 수 있는 기구를 만들어 각 고을에 내려 보내면 되지 않겠습니까?"

"오호, 그거 좋은 생각이구나! 그런데 그런 기구를 어떻게 만들지?"

세종 임금이 되물었다. 하지만 세자는 얼른 해답이 떠오르지 않는 듯 우물쭈물할 뿐이었다. 그사이 장영실의 머릿속에 번쩍하고 생각이 떠올랐다.

장영실이 아뢰었다.

"전하, 제가 할 수 있을 것 같사옵니다."

"대호군! 경에게 좋은 생각이 있는가?"

"그러하옵니다, 전하."

장영실은 동래 현청에서 노비로 생활하던 시절, 장독 뚜껑에 고인 물로 비의 양을 쟀던 이야기를 소상히 아뢰었다.

"과연 대호군일세! 그 어린 나이에 그런 생각을 했다니!"

세종 임금은 감탄하며 기뻐했다.

"청동으로 적당한 크기의 그릇을 만들어 나눠 주고, 그곳에 고인 물의 양을 잰다면 전국 어디서나 똑같은 기준으로 비의 양을 잴 수 있을 것이옵니다."

장영실은 내처 말했다.

"이렇게 쉬운 방법을 못 찾아 이제까지 고민을 했다니 믿을 수

없구나. 허허!"

　세종 임금이 무릎을 치며 크게 기뻐했다.

　회의가 끝난 뒤, 장영실은 곧 청동 그릇 만드는 일을 시작했다. 그러고는 여러 번의 실험을 거친 끝에 비의 양을 재는 데 가장 알맞은 크기를 찾아냈다. 세종 임금은 이 기구의 이름을 '측우기'라고 지었다. '측우기'란 비의 양을 재는 기구라는 뜻이다.

세계 최초의 발명품 측우기 조선 세종 23년(1441)에 만든 세계 최초의 우량계. 한양뿐만 아니라 각 지방에도 설치하여 강수량을 측정하였다.

세계 최초의 측우기는 이렇게 1441년, 세종 임금 23년에 탄생했다.

이때 만든 측우기는 서양보다 약 200여 년 앞선 발명이었다. 또한 이때 만든 측우기는 현대의 측우기와 거의 같은 크기이다. 이런 점만 보아도 장영실이 얼마나 훌륭한 과학자였는지 알 수 있다.

세종 임금은 이 측우기를 각 지방으로 내려 보내 비의 양을 재는 데 사용하도록 했다.

홍수의 피해를 줄이다

그해 여름은 유난히 비가 많았다.

비 때문에 불어난 강물은 수많은 논과 밭을 쓸어 가 버렸다. 백성들은 물난리에 집과 농토를 잃고 길거리로 내몰렸다.

전국에서 들어오는 피해 보고로 조정은 어수선했다.

세종 임금은 온 나라에 어명을 내려보냈다.

"각 고을의 현감은 나라의 창고를 열어 어려움에 빠진 백성들에게 비축된 곡식을 나눠 주고, 병사들로 하여금 집과 농토를 복구하는 일에 최선을 다하게 하라!"

임금의 어명을 전달하는 전령들이 황급히 말을 달려 한양을 떠났다.

물난리는 한양도 예외가 아니었다. 한강과 청계천 일대의 주민들이 피해를 입었다. 갑자기 불어난 강물에 미처 대피하지 못한 주민들이 목숨을 잃는 경우도 많았다.

몇 년에 한 번씩 심한 홍수가 나 피해가 늘어나자 세종 임금은 장영실을 불러 명을 내렸다.

"경은 최선을 다해 홍수 피해를 막을 수 있는 대책을 세우라!"

홍수가 나서 넘치는 강을 막는 것은 매우 어려운 일이었다. 하지만 백성들이 강물이 넘칠 때를 알고 대비할 수 있다면 목숨을 잃는 일은 줄일 수 있을 것이었다.

장영실은 우선 가장 시급한 일부터 시작했다. 홍수 때 가장 문제가 되는 것은 강물이었다. 순식간에 불어난 강물이 피할 틈도 없이 사람들을 휩쓸어 가 무고한 생명을 수없이 앗아 갔다.

  장영실은 강물이 언제 넘치는지를 알아야 한다고 생각했다. 그러려면 먼저 강물의 깊이를 정확하게 알아야 했다. 불어나는 강물의 깊이를 알 수 있으면 강물이 넘치는 시각을 미리 추측할 수 있을 것이었다.

  장영실은 생각 끝에 기다란 돌기둥에 자의 눈금을 새겨 강을 지나는 다리 교각에 매어 고정시켰다. 그러자 강의 깊이가 한눈에 드러났다. 이제 강물의 깊이를 주기적으로 감시하기만 하면 언제 강물이 넘치는지 미리 알 수 있게 된 것이었다.

  이 돌기둥 자에는 물의 양을 재는 표시라는 뜻의 '양수표'라는 이름이 붙여졌으며, 줄여서 '수표'로 부르기도 했다.

  장영실은 측우기와 수표를 만든 공으로 정3품 벼슬인 상호군에 임명되었다.

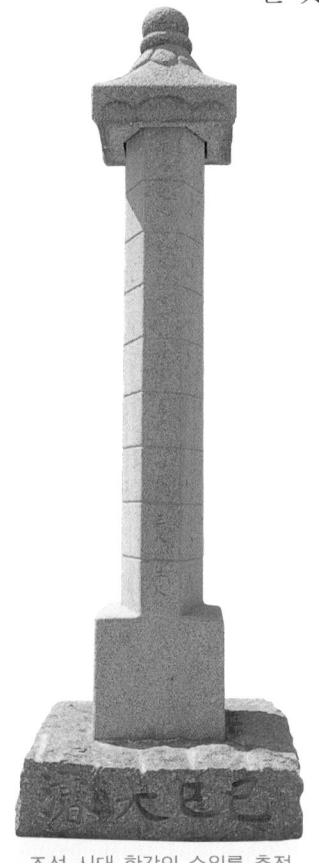
조선 시대 한강의 수위를 측정하던 수표

떨어지는 별

부서진 연

상호군으로 진급한 장영실은 이제 더 이상 직접 물건을 만드는 일은 할 수 없었다. 아랫사람들이 하는 일을 감독하고 지시하는 일만으로도 시간이 부족했기 때문이다.

하지만 막상 손에서 일을 놓자 마음이 한가해져 자꾸 고향 생각이 났다.

'재복 영감은 벌써 돌아가셨겠지.'

한양에 온 지 벌써 30년이 넘어 장영실도 나이가 들기 시작했다. 그동안 많은 일을 함께 했던 이천도 환갑이 넘었고, 세종 임금도 젊었을 때의 힘을 잃어 가고 있었다.

　이때, 임금님이 탈 *연을 만들라는 명이 내려왔다. 장영실은 마지막으로 세종 임금께 선물을 하고 싶었다. 그 당시에 쓰던 연은 중국의 것을 모방한 모양이었는데, 장영실은 이참에 세종를 위한 조선의 연을 만들기로 마음먹었다. 그래서 곧 새로운 연의 설계에 들어갔다.

　장영실의 설계대로 연은 착착 만들어져 갔다. 연은 조금씩 모양을 갖춰 가면서 서서히 아름다운 모습을 드러냈다. 장영실은 연을 만드는 기술자들에게 최고의 재료만 골라 쓰도록 지시했다.

　몇 달 뒤, 드디어 연이 완성되었다. 완성된 연은 여러 조정 신하들이 참석한 가운데 세종 임금에게 바쳐졌다.

　"정말 아름답군. 상호군의 솜씨는 여전하구나!"

　세종 임금은 몹시 흡족한 표정으로 장영실을 칭찬했다.

　새로 만들어진 연의 지붕은 조선 특유의 선이 아름답게 살아 있어 날렵했다. 또한 장식 문양과 색은 제왕의 품위와 위엄을 잘 나타내면서도 우리 민족 고유의 색을 살리고 있었다.

　며칠 뒤, 세종 임금은 *종묘 행차에 새로 만든 연을 타고 나섰

*연 : 임금의 가마

다. 그런데 세종 임금이 막 궁궐을 나서려 할 때였다. 갑자기 우지끈 소리와 함께 연의 아랫부분을 떠받치는 나무 기둥이 부러져 버렸다. 그 바람에 세종 임금이 그만 땅에 떨어졌다.

"전하! 괜찮으시옵니까?"

따라나선 신하들이 황급히 세종 임금에게 달려갔다. 다행히 세종 임금은 다친 곳 없이 무사했다.

"전하를 안전한 곳으로 모셔라!"

"빨리 다른 연을 대령하라!"

신하들과 임금을 호위하는 장수들이 분주히 움직이며 소리쳤다.

세종 임금은 부서진 연을 바라보았다. 눈에 얼핏 슬픈 빛이 지나갔다. 세종 임금은 앞으로 벌어질 일을 누구보다 잘 알고 있었다.

"상호군 나리 큰일 났습니다. 임금님이 행차하시던 중에 연이 그만 부서졌다고 합니다."

상의원*공방 하나가 급히 달려와 장영실에게 사고를 알렸다.

"뭐! 뭐라고?"

---

*종묘 : 역대 임금의 위패가 모셔진 사당
*공방 : 벼슬아치 밑에서 일을 보던 사람

장영실은 갑자기 정신이 아득해졌다.
"전하는 무사하시냐?"
장영실은 간신히 정신을 가다듬고 다시 물었다.
"예, 아무 상처도 입지 않으셨다고 합니다."
장영실은 떨리는 가슴을 쓸어내렸다.
'어쩌다 이런 일이 생겼단 말이냐!'
장영실은 크게 탄식했다.
그때였다.
"상호군은 당장 나와 명을 받으라!"
쩌렁쩌렁한 금부도사의 목소리가 들렸다.
장영실은 드디어 올 것이 왔다는 걸 알았다. 장영실은 그길로 의금부로 압송되어 옥에 갇혔다.

이번 사건의 모든 책임은 장영실이 지게 될 것이었다. 직접 만들지는 않았지만 연 만드는 일의 책임자였기 때문이다.

장영실은 불경죄로 체포되었다. 임금의 연을 소홀히 만들어 임금을 욕보였다는 것이 죄명이었다. 임금에 대한 불경죄는 엄히 다스리는 매우 큰 죄였다.

"전하!"

옥에 갇힌 장영실은 엎드려 울음을 터뜨렸다. 마음이 아팠다. 세종 임금의 은혜에 보답하여 최고의 선물을 드리고 싶었는데 그만 불경죄를 저지른 꼴이 되었기 때문이다.

옥에서 며칠을 보낸 장영실은 의문이 들었다. 아무리 생각해도 연이 부서질 이유가 없었다.

'힘이 들더라도 내가 직접 만들었어야 했는데…….'

하지만 이미 때늦은 후회였다. 의금부에서는 장영실에게 곤장 100대의 형을 내릴 것을 임금께 청하였다.

하지만 세종 임금은 한 달이 다 되도록 형을 집행하라는 명을 내리지 않았다.

세종 임금의 앞에는 장영실의 벼슬을 빼앗고 벌을 내려야 한다는 신하들의 상소문이 쌓여 갔다.

"전하, 이제 상호군의 문제를 결정하셔야 합니다."

보다 못한 승지가 임금의 결단을 청했다.

"알고 있소. 하지만 상호군이 누구인가? 세자 때부터 나를 도와 30여 년이 넘도록 충성을 다한 신하가 아닌가? 또 자격루며 측우기며 얼마나 공을 많이 세웠는가? 그가 없었다면 그 많은 사업을 어떻게 성공시켰겠는가? 그런데도 그에게 벌을 내려야 하다니……."

세종 임금은 안타까운 마음에 말을 잇지 못했다.

"하오나 전하, 임금에 대한 불경죄는 반드시 벌을 내려야 합니다. 그것이 법도이옵니다."

승지가 재차 장영실에게 벌을 내릴 것을 청했다. 하지만 세종 임금은 말이 없었다.

왕이 통치하던 조선 시대에는 강한 왕권이 필요했다. 그래서 왕의 권위에 도전하거나 왕의 권위에 해를 입힌 자는 반드시 엄한 벌로 다스렸다.

한편 옥에 갇힌 지 한 달이 다 된 장영실은 조금씩 마음의 평온을 되찾고 있었다.

'모든 것이 내 탓이다. 이제 내가 할 일이 끝난 거야.'

그렇게 생각하자 마음이 편해졌다.

'천한 노비 출신으로 전하의 사랑을 받아 정3품 벼슬까지 올랐으니 남들은 내가 꿈을 이루었다고 하겠지.'

장영실은 지난날을 되돌아보았다. 그러자 많은 일들이 눈앞을 스쳐 갔다.

'하지만 최고의 기술자가 되어 백성을 이롭게 하겠다는 내 꿈은 과연 이루어진 걸까?'

영실은 왠지 확신이 서지 않았다.

초야로 돌아간 장영실

며칠이 더 흐른 뒤, 세종 임금은 마침내 내키지 않는 명령을 내렸다.

"상호군을 80대의 곤장 형에 처하라."

세종 임금으로서는 형을 조금 감해 주는 것 밖에는 어쩔 도리가 없었다.

장영실은 의금부에서 80대의 곤장을 맞고 집으로 돌아왔다.

집에서 치료를 받고 있는 장영실에게 승지가 찾아왔다. 승지의 손에는 세종 임금의 편지가 들려 있었다.

"경을 생각하면 마음이 아프다. 그동안 미욱한 과인을 도와 많은 일을 해 주었는데도 과인은 그대를 위해 아무것도 해 주지 못했구나. 하지만 백성들은 경의 공을 기억할 것이다. 나 또한 경의 수고를 잊지 않을 것이다. 이제 그만 무거운 짐을 벗고 편안한 여생을 보내도록 하라."

세종 임금의 편지에는 장영실을 사랑하는 마음이 절절히 배어 있었다.

"전하! 성은이 망극하옵니다."

장영실은 눈물을 흘리며 임금님이 계신 곳을 향해 절을 올렸다. 절을 올린 뒤 한동안 엎드린 채 일어서지 않았다.

건강을 회복한 장영실은 가족을 데리고 한양을 떠났다.

며칠 뒤, 장영실은 문경 새재를 넘어가고 있었다.

'이제 이 고개를 다시 넘을 일은 없겠구나!'

정영실은 고향으로 가지 않았다. 자신을 자랑스러워하는 고향 사람들을 실망시키고 싶지 않았기 때문이다.

그 뒤로 장영실이 어디로 갔는지는 알려지지 않았다. 그를 본 사람도 아무도 없었다.

기생의 아들로 태어나 신분의 벽을 깨고 상호군의 자리에까지 올랐던 장영실. 그는 어려운 상황에서도 끝까지 포기하지 않고 마침내 자신의 꿈을 실현시킨 시대의 거인이었다. 몇 세기가 지난 오늘날에도 장영실의 꿈을 향한 도전 정신은 우리에게 큰 귀감이 된다.

펼쳐라! 생각그물

역사 박사 첫걸음	조선은 어떤 나라였을까?
역사 꼼꼼 탐구	조선 시대의 과학 수준은 어느 정도였을까?
역사 인물 돋보기	조선 과학의 르네상스 시대를 연 세종대왕
알토란 역사 지식	조선의 과학 발명품 베스트 10
한 걸음 더 역사 정보	조선의 과학을 이끈 인물들
조선사 이색 탐구	조선의 알쏭달쏭 과학사

역사 박사 첫걸음

조선은 어떤 나라였을까?

조선은 1392년에 건국하여 1910년까지 519년간 지속된 우리나라 마지막 왕조입니다. 조선 왕조는 27명의 왕이 있었으며 유교를 바탕으로 찬란한 문화를 꽃피웠습니다. 그러나 20세기 초 세계의 변화에 적절히 대응하지 못하여 1910년 일본에 국권을 빼앗기고 말았습니다.

조선의 건국 이야기

고려 말기에 최영과 이성계라는 두 장군이 있었습니다. 최영은 유명한 가문 출신으로 고려 최고의 장수였으며, 이성계는 함경도 지역에서 성장하여 황건적과 왜구를 무찌르며 유명해진 장군입니다. 두 장군 모두 최고의 장수로 백성의 사랑을 받았습니다.

그런데 두 장군이 서로 대립하게 되는 일이 생겼습니다. 원나라를 북쪽으로 몰아내고 중국의 새 주인이 된 명나라가 철령 이북 지방을 직접 다스리겠다고 한 것입니다. 철령은 지금의 강원도 안변 지방으로, 한때 원나라의 쌍성총관부가 있던 땅이었습니다.

이에 맞서 최영은 명나라를 공격하여 고구려의 옛 땅인 요동을 정복하자는 주장을 폈습니다. 그러나 이성계의 생각은 달랐습니다. 이제 중국의 새로운 세력으로 등장한 명나라를 건드려서 이득될 것이 없으니 적당히 요구를 들어주며 외교로 해결하는 것이 낫다고 생각하였습니다.

당시 고려의 임금은 열 살의 어린 나이에 왕위에 오른 우왕이었습니다. 우왕은 최영 장군에게 많은 의지를 하고 있었습니다. 결국 우왕은 최영의 의견을 받아들여 이성계에게 요동을 정벌하라는 명령을 내렸습니다. 임금의 명을 받은 이성계는 군사를 이끌고 요동 정벌에 나서지 않을 수 없었습니다.

고구려의 옛 땅이었던 요동 벌판의 모습.

경복궁 경회루 1392년 개성의 수창궁에서 왕위에 오른 조선의 태조 이성계는 수도를 한양으로 옮기기로 결정한다. 그리하여 1394년에 한양으로 도읍을 옮기고 경복궁을 짓게 된다. 궁의 이름은 정도전이 『시경』에 나오는 "이미 술에 취하고 이미 덕에 배부르니 군자 만년 그대의 큰 복을 도우리라"에서 '큰 복을 빈다'는 뜻의 '경복(景福)'이라는 두 글자를 따온 것이다.

이성계가 군사를 이끌고 압록강에 있는 작은 섬인 위화도에 도착한 것은 5월이었습니다. 이성계는 위화도에서 전력을 정비하여 요동을 공격할 계획이었습니다. 그러나 장마가 닥쳐 매일 비가 내리는 바람에 압록강의 물이 넘쳐 도저히 건널 수가 없었습니다.

이성계는 우왕에게 다시 한번 요동 정벌이 무리라는 보고를 올렸습니다. 하지만 우왕과 최영은 이성계의 주장을 무시하고 어서 요동을 공격하라고 명령했습니다.

이성계는 요동으로 진격할 수도, 임금의 명령을 어길 수도 없는 상황에 빠졌습니다. 고민하던 이성계는 마침내 자신의 주장을 전혀 받아들이지 않는 최영과 우왕을 제거하기로 결심하고 군사를 돌려 개경으로 향했습니다. 이것이 유명한 '위화도 회군'입니다.

개경에 도착한 이성계는 최영과 우왕을 쫓아내고 창왕을 새로운 임금으로 세웠습니다.

이때, 정도전을 중심으로 한 개혁 세력이 정권을 장악한 이성계에게 새로운 왕국을 세울 것을 건의했습니다.

1392년, 마침내 이성계는 창왕 다음으로 임금의 자리에 올랐던 공양왕을 쫓아내고 자신이 직접 왕위에 오릅니다. 그리고 나라 이름을 '조선'이라 정하고 새 왕조의 탄생을 선포합니다.

14세기 말 동아시아 정세

성리학의 나라

조선을 건국하는 데 큰 공을 세운 정도전 등 개혁파 학자들은 성리학을 공부한 사람들이었습니다. 성리학은 유교의 한 분야로 중국의 '주자'라는 사람이 발전시킨 새로운 사상입니다.

불교를 국교로 했던 고려는 말기에 이르러 사찰들의 부패가 심각했습니다. 이에 새로 나라를 세운 개혁파 학자들은 불교를 억압하고 새로운 사상인 성리학을 나라의 기틀로 삼고자 했습니다. 이러한 정책에 힘입어 성리학이 왕성하게 발전했습니다. 특히 명분과 절개를 강조하는 성리학의 영향으로 조선 사회는 선비 문화가 크게 발전했습니다. 또한 성리학을 독특한 우리의 학문으로 발전시킨 이황과 이이 같은 대학자가 탄생하기도 했습니다.

하지만 지나친 성리학 중심의 문화로 다른 학문의 발달이 방해를 받기도 했습니다. 이에 대한 반성으로 조선 후기에는 백성들의 삶에 실제로 도움이 되는 학문을 주장한 실학이 크게 일어나기도 했습니다.

남산골 한옥 마을 청계천 남쪽 중에서도 남산은 조용하고 물을 구하기 좋아서 낮은 관리들이나 가난한 선비들이 많이 살았다고 한다. 조선 시대만 해도 맑은 물과 아름다운 경치로 풍류객들의 발걸음이 끊이지 않았던 곳이다. 사진은 요즘 남산골 한옥 마을의 모습으로 전통 한옥과 전통 정원의 모습을 볼 수 있다.

조선 시대의 신분 제도

조선 시대는 신분 제도가 매우 엄격한 사회로 양반, 중인, 평민, 천민으로 구분되었습니다.

가장 높은 신분인 양반은 원래 무인 벼슬을 뜻하는 '무반'과 문인 벼슬을 뜻하는 '문반'을 가리키던 말이었습니다. 벼슬을 할 수 있는 특권으로 나라의 중요한 벼슬을 독차지했던 이들은 자연스럽게 사회의 지배 계급을 이루었습니다.

그러나 양반이 특권만 누렸던 것은 아닙니다. 양반은 당시 사회 지도층으로 나라를 경영하고 학문을 발전시키며 백성의 삶을 향상시켜야 하는 의무도 함께 갖고 있었습니다.

중인은 양반 다음 신분으로 주로 전문 분야에서 일을 하거나 양반과 백성 사이에서 일을 하는 하급 관리들이 속한 신분입니다. 예를 들어 기술자, 의원, 통역을 담당하던 역관, 고을의 수령을 돕는 아전 등이 중인에 속했습니다.

중인이 맡은 일은 대부분 자식들에게 그대로 전해졌습니다. 이들 중에는 자신의 특기를 이용해 많은 재물을 모아 부자가 된 사람도 있었고, 드물게 왕의 주치의가 되거나 나라에 큰 공을 세워 양반이 되는 경우도 있었습니다.

평민은 일반 백성들로 농업, 상업, 어업 등 주로 생산적인 일을 담당했습니다. 조선 시대는 농업 사회였던 만큼 평민의 대부분은 농사를 짓는 사람들이었습니다. 하지만 이들 중 자신의 땅을 가진 사람은 적었고, 대부분 양반들의 땅을 경작하는 소작농이었습니다. 평민은 네 신분 중 가장 많은 사람들이 속한 신분으로, 나라에 세금을 내야 했고, 병역의 의무가 있었으며, 나라에 큰 공사가 벌어지면 노역에 동원되기도 했습니다.

마지막으로 천민은 그야말로 천하게 취급받던 사람들로 백정과 노비, 무당 등을 일컫는 말입니다. 천민의 대부분은 노비였습니다. 노비는 평생 자신의 주인을 위해 일해야 했으며, 그 신분이 자식에게 대물림되었습니다. 또한 노비는 마치 재산처럼 여겨져 임금이 공을 세운 신하에게 상으로 내리는 일도 있었고, 사노비의 경우에는 필요에 의해 주인끼리 사고팔기도 했습니다.

드물기는 하지만 천한 노비에게도 면천의 기회가 있었습니다. 나라에 환란이 닥쳤을 때 군대에 지원하여 공을 세우거나 어렵게 돈을 모아 면천금을 상전에게 바치면 노비의 신분을 벗어날 수 있었습니다.

하지만 조선 시대의 신분 제도는 매우 강력하여 신분을 바꾸는 일은 거의 불가능한 일이었으며, 서로의 신분을 넘어 혼인을 하는 일도 철저하게 금지되어 있었습니다.

조선 후기의 생활상을 보여주는 김홍도의 풍속화. 위 「벼타작」, 아래 「씨름」 국립중앙박물관 소장.

역사 꼼꼼 탐구

조선 시대의 과학 수준은 어느 정도였을까?

조선만의 독자적인 시간을 갖다

조선 시대 왕들의 행적을 기록한 『조선왕조실록』 중 『세종실록』에 다음과 같은 기록이 나옵니다.

"세종 4년, 정월 초하룻날. 임금과 신하들이 일식을 맞이하는 행사를 위해 예를 차리고 기다리고 있었다. 그런데 이 날의 일식은 서운관에서 예측한 시간보다 무려 15분이나 늦게 시작되었다. 이에 임금은 서운관의 관리를 불러 크게 꾸짖었다."

당시에 백성들은 일식 같은 천문 현상이 일어나면 하늘이 노한 것으로 생각해 몹시 두려워했습니다. 따라서 임금은 미리 이런 현상이 일어날 것을 예측하고 백성들에게 알려야 했습니다. 이 일은 임금의 권위를 만백성들에게 보여 줄 수 있는 아주 중요한 행사였습니다. 그런데 그만 서운관에서 시간을 잘못 계산한 것입니다. 당연히 벌을 받을 일이었지요.

하지만 이 이야기를 거꾸로 생각해 보면 이미 600년 전에 일식과 같은 천문 현상을 거의 정확하게 예측했다는 말이 됩니다. 천문 현상을 예측하려면 별들의 움직임을 정확하게 알아야 가능한 일입니다. 과연 조선 시대 사람들은 어떻게 이런 현상들을 정확하게 예측할 수 있었을까요?

서운관 관천대 천문을 관측하는 곳으로 천문이나 지리, 기후와 관련된 일을 맡았던 서운관 안에 있었다. 세종 16년에 설치한 것으로 추정된다.

일정성시의 태양과 별을 이용하여 낮과 밤의 시간을 측정하던 기구이다. 세종 19년에 4개를 만들어 만춘전 동쪽과 서운관, 그리고 평안도와 함경도에 두었다고 한다.

조선 초기 4대 임금이었던 세종 임금은 집현전을 중심으로 많은 인재들을 등용하여 여러 분야의 과학 기술을 크게 발전시켰습니다. 이때 가장 크게 발전한 것이 천문 분야였습니다. 천문 과학 기술은 왕의 권위를 지키는 과학 기술이면서 동시에 농업 발달에 없어서는 안 될 기술입니다. 이전까지는 기술이 앞선 명나라의 역서를 들여와 사용하였는데 우리나라와 기후 풍토가 달라 정확하게 맞지 않았습니다.

세종 임금은 이천, 장영실, 이순지 등과 함께 많은 천문 관측기구들을 만들고 천문학을 정리하여 마침내 한양을 기준으로 하는 새롭고 정확한 우리만의 시간을 측정할 수 있게 되었습니다. 이런 과학 기술을 가지고 있었기에 일식이 일어나는 시간을 정확하게 계산할 수 있었던 것입니다.

세계 최초의 발명품을 만들어 내다

조선 시대 최고의 발명품인 '측우기'는 비의 양을 재는 기구로, 서양보다 200여 년이 앞선 발명품이었습니다. 또한 고려 시대부터 써왔던 금속 활자를 개량하여 만든 갑인자는 매우 아름답고 정교한 금속 활자입니다. 이것은 서양의 구텐베르크가 금속 활자를 발명하기 전 이미 금속 활자를 써 왔던 고려 시대의 인쇄 문화를 한 단계 더 끌어올린 발명품이었습니다.

세계적 수준의 다양한 무기들

조선 시대에는 무기 제작에도 많은 발전이 있었습니다. 고려시대 최무선이 발명한 화약 무기를 개량한 세계적인 수준의 다양한 대포들이 만들어졌습니다. 임진왜란 당시 23전 23전승의 신화를 만든 이순신 장군의 업적도 이렇게 우수한 대포들이 있었기에 가능한 일이었습니다. 당시 우리 수군이 사용하던 천자총통의 포탄은 왜군이 주력으로 사용하던 조총의 사거리보다 4배나 더 날아갔습니다. 이순신 장군은 판옥선에 우수한 대포를 싣고 왜선과 멀리 떨어져 대포로 공격하는 전술을 통해 적은 수로 많은 왜군을 무찌를 수 있었습니다.

신기전은 로켓처럼 불을 뿜으며 날아가는 화살이다. 고려 말 최무선이 만든 주화라는 화살을 세종 때 고쳐 만든 것으로 세계에서 가장 오래된 로켓 무기 중 하나다.

조선 과학의 르네상스 시대를 연 세종대왕

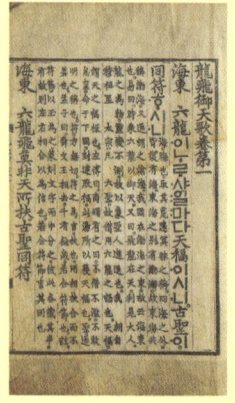

용비어천가 조선 세종 29년 (1447)에 정인지, 안지, 권제 등이 지은 악장의 하나였다. 훈민정음으로 쓴 최초의 작품으로 조선을 세우기까지 선대왕들의 사적을 중국 고사에 비유하여 그 공덕을 기리어 지은 노래이다. 각 사적의 기술에 앞서 우리말 노래를 먼저 싣고 그에 대한 한역시를 뒤에 붙였다.

조선 제4대 임금인 세종대왕은 태종 임금의 셋째 아들로 1418년 22세 나이에 임금의 자리에 올랐습니다. 세종대왕은 어려서부터 책을 좋아하여 항상 책을 끼고 살았다고 하는데, 얼마나 책을 좋아했던지 건강을 해칠까 염려하여 태종 임금이 당분간 책을 읽지 말라고 명령을 내릴 정도였습니다. 그러나 세종대왕은 그럴 때조차도 몰래 책을 읽었다고 합니다. 이렇게 책을 좋아한 세종대왕은 나라를 다스리는 동안 천문학, 농학, 인쇄술, 무기 제작, 의학, 음악 등 여러 다양한 분야에서 혁명적인 발전을 이룩했습니다. 또한 정치, 경제, 문화면에서도 훌륭한 일을 많이 해 조선 왕조의 기틀을 튼튼히 했습니다.

조선 최고의 과학자를 발굴하다

세종대왕은 인재를 뽑는 일에 특별한 생각을 갖고 있었습니다. 그래서 재능이 있는 사람은 신분과 관계없이 뽑아 그 재능을 맘껏 발휘하도록 하였습니다. 동래현의 천한 노비였던 장영실을 발탁하여 조선 최고의 발명왕으로 키운 것도 바로 세종대왕이었습니다. 인재를 알아보는 눈을 지녔던 임금에게 젊은 인재들이 모여들었고, 세종대왕은 이들과 함께 조선 과학의 르네상스 시대를 열었습니다.

뛰어난 언어학자

세종대왕의 가장 큰 업적은 훈민정음을 만든 것입니다. 뛰어난 언어학자이기도 했던 세종대왕은 백성들이 손쉽게 배워 읽고 쓸 수 있는 글자를 만들 것을 결심했습니다. 그리고 20여 년을 연구한 끝에 마침내 1443년(세종 25년)에 '훈민정음' 스물여덟 자를 만들었습니다. 이는 우리나라만의 고유한 문자로 민족 문화를 발전시키는 데 가장 중요한 바탕이 되었습니다.

천문학을 독자적인 학문으로 발전시키다

세종대왕은 그동안 중국에 의존했던 천문학을 조선만의 독자적인 학문으로 발전시키기 위해 많은 힘을 기울였습니다.

이 일은 세종대왕의 명을 받은 이천, 장영실 등과 집현전 학자들이 중심이 되어 진행해 나갔습니다. 세종대왕의 아낌없는 지원을 받은 이천과 장영실은 간의, 혼천의 등 천체 관측기구들을 만들었으며, 자동 물시계인 자격루도 발명했습니다. 천체 관측기구들이 완성되자 세종대왕은 이를 기준으로 김담, 이순지 등에게 우리나라 고유의 역서인 『칠정산 내·외편』을 편찬하게 했습니다. 이는 한양을 기준으로 시간을 계산할 수 있는 역서로 이때부터 조선은 중국의 힘을 빌지 않고 자신만의 고유한 시간을 갖게 되었습니다.

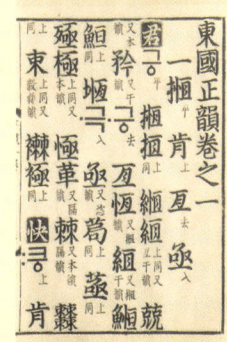

동국정운 세종 때 편찬된 우리나라 최초의 운서(한자의 운을 분류하여 일정한 순서로 배열한 책)이다. 당시 세종의 언어 정책의 하나로, 혼란스러운 우리나라의 한자음을 바로 잡고 통일된 표준음을 정하기 위해 편찬되었다. 자모 밑에는 훈민정음으로 음을 표시했다.

조선의 국경선을 넓히다

세종대왕은 다른 나라와의 외교 정책과 영토 확장에도 많은 노력을 기울였습니다. 그동안 명나라에 처녀를 보냈던 관례를 없앴으며, 공물도 금, 은 보석에서 마, 포 등 옷감으로 대신하도록 했습니다. 백성들을 괴롭히는 왜구를 없애기 위해 대마도를 정벌하는 한편, 김종서로 하여금 북쪽의 여진을 공격하여 두만강 유역에 4군 6진을 두게 했습니다. 이렇게 하여 조선의 국경선은 압록강부터 두만강 유역까지 넓어지게 되었습니다. 이렇듯 세종대왕은 정치, 사회, 경제, 과학, 군사 등 전 분야에 걸쳐 수많은 업적을 쌓아 우리 민족 역사상 가장 존경받는 위대한 임금이 되었습니다.

세종대왕 영릉 경기도 여주군 능서면에 있는 세종대왕과 왕비 소헌왕후의 능이다.

알토란 역사지식

조선의 과학 발명품 베스트 10

1. 훈민정음

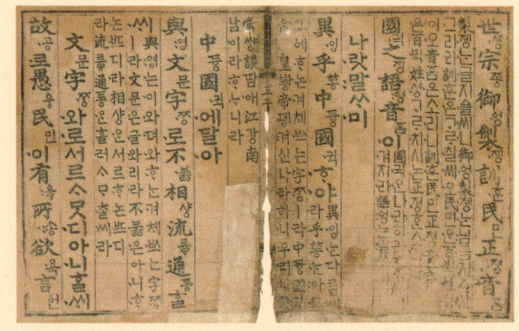

훈민정음은 1443년(세종 25년) 세종대왕이 만든 우리 고유의 문자이다. 처음 만들 당시에는 자음 17자, 모음 11자 총 28자로 되어 있었다(현재는 자음 14자, 모음 10자로 24자임). '백성을 가르치는 바른 소리'라는 뜻의 훈민정음은 우리 민족의 가장 우수한 발명품이다. 한글의 발명으로 인해 우리 민족은 누구나 쉽게 문자로 기록하고 읽을 수 있게 되었으며, 이로 인해 우리 민족 고유의 문화를 발전시킬 수 있었다. 발음 기관의 모양과 우주의 이치를 담고 있는 한글은 누구나 쉽게 배울 수 있는 합리적인 문자로 세계에서 가장 과학적인 문자로 평가받고 있다.

2. 측우기

측우기는 1441년(세종 23년) 장영실이 만든 세계 최초의 우량계이다. 우량계란 비의 양을 재는 기계로, 비가 그치고 나면 그 안에 담긴 빗물의 높이를 재어 비가 온 양을 알아 내는 원리이다. 단순해 보이는 발명품이지만, 규격화된 이 측우기를 사용해 전국에 내리는 비의 양을 정확히 잴 수 있었으며, 농사 짓는 데 필요한 유익한 정보를 얻고, 가뭄이나 홍수 등의 천재지변에 대비할 수 있었다. 당시 농업이 주요 산업이었던 점을 생각하면 이는 대단한 발명품이었다. 또한 이런 생각을 해 낸 것은 우리 민족이 세계 최초이며 서양보다 무려 200여 년 빠른 것이다.

3. 자격루

자격루는 1434년(세종 16년)에 장영실 등이 세종 임금의 명을 받들어 만든 자동 시계로, 시간이 되면 스스로 북과 징을 쳐 시간을 알리는 물시계이다. 시간을 알리는 장치는 나무와 쇠로 만들었는데, 지렛대의 원리와 경사면을 굴러 떨어지는 공의 운동을 이용한 것이었다. 자격루가 만들어지기 전에 사용하던 물시계들은 일일이 사람이 지키고 있다가 시간이 되면 알려야 했다. 따라서 시계를 지키는 사람들이 실수로 시간을 제대로 알리지 못하는 경우도 있었다. 자격루가 만들어진 뒤에는 이런 일이 없어졌으며 자격루는 조선의 표준 시계로 정해져 조선 시대 시간의 기준이 되었다.

4. 규표

규표는 1년의 길이와 그사이의 24절기를 알아내기 위해 사용한 도구이다. 규표는 평평한 바닥으로 된 돌 위에 수직으로 세워진 막대 모양을 하고 있다. 바닥에는 일정한 시간에 해가 수직으로 세운 막대에 비쳐 생기는 그림자 길이를 기준으로 하여 동지, 하지, 춘분, 추분을 알 수 있게 눈금으로 표시가 되어 있다. 또한 그 사이사이를 15일 간격으로 나눠 나머지 20개 절기를 알 수 있도록 만들어졌다.

5. 혼천의

혼천의는 1433년(세종 15년) 이천·장영실 등이 만든 천체의 운행과 그 위치를 측정하는 천문 시계이다. 혼천의는 하늘을 둥근 모형으로 표현했으며 여러 개의 둥근 테가 서로 어울린 모양을 하고 있다. 혼천의에 나타난 각각의 둥근 테는 하늘의 적도·황도·자오선 등이 지나가는 모양을 표현한 것으로, 혼천의는 이들을 움직여 가며 천체의 움직임을 관측하는 장비이다. 기원전 2세기경 중국에서 처음 만들어졌다고 알려진 혼천의는 혼의, 또는 옥형이라고도 불리기도 했다.

6. 간의

　간의는 혼천의를 간략하게 만든 천체 관측기구이다. 간의는 대간의와 소간의 두 종류가 있다. 대간의는 아주 커다랗게 만든 것으로 궁궐 안의 천문대에 설치되었다. 소간의는 대간의를 축소하여 만든 것으로 사람이 가지고 다닐 수 있도록 작은 크기로 만들어졌다. 이 간의를 사용하면 행성과 별의 위치를 간편하고도 정밀하게 측정할 수 있다.

7. 앙부일구

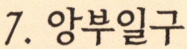

　앙부일구는 1434년(세종 16년) 장영실이 만든 해시계이다. 해시계는 햇빛이 물체에 비쳐 만드는 그림자를 이용해 시간을 측정하는 원리로 만들어졌다. 시간과 절기를 나타내는 눈금이 새겨진 반구형의 시계 판과 그림자를 만드는 시침으로 만들어졌다. 이 시침의 끝을 북극에 맞춘 다음 그림자가 가리키는 곳의 눈금을 읽으면 시간과 절기를 알 수 있다. 앙부일구는 아주 독특한 형태를 가진 해시계로 우리 나라에서만 볼 수 있다.

8. 조선의 새로운 역법 『칠정산 내·외편』

　『칠정산 내·외편』은 1442년(세종 24년) 이순지가 조선의 시간에 맞춰 새로이 역법을 정리하여 만든 책이다. 역법이란 달력을 만드는 데 기준이 되는 법칙을 말한다. 이 책이 만들어지기 전까지 우리나라는 중국의 역법을 빌려다 썼다. 그러나 그것은 중국의 북경을 기준으로 만든 것이라 우리나라에는 잘 맞지 않았다. 이순지는 장영실 등이 만든 천문 관측기구를 이용하여 한양을 기준으로 한 새로운 역법을 만들었다. 이 책은 내편과 외편 두 부분으로 되어 있는데, 내편에는 원의 수시력을 한양

기준으로 새롭게 계산하는 방법이 실려 있고, 외편에는 아라비아 역법을 한양 기준으로 계산하는 방법이 실려 있다. 이 책에 실린 역법의 계산은 현대의 천문학으로 계산하여도 거의 오차가 없다고 하니 당시 조선의 천문 과학이 세계 최고의 수준이었던 것을 알 수 있다.

9. 거중기

거중기는 1796년 정약용이 고안한 기계로 무거운 물건을 손쉽게 들어 올릴 수 있도록 만든 기계이다. 거중기는 수원 화성의 성곽을 쌓기 위해 만들었는데 무거운 돌을 옮기는 데 탁월한 성능을 발휘했다고 한다. 거중기는 여러 개의 도르래를 이용하여 힘을 분산 시킴으로써 적은 힘으로 무거운 물건을 옮길 수 있도록 설계되었다. 당시 사용된 거중기의 설계도는 수원 화성을 짓는 일을 기록한 『화성성역의궤』라는 책에 자세히 그려져 있다.

10. 거북선

거북선은 임진왜란 때 이순신 장군이 돌격용으로 만든 전투선이다. 거북선은 당시 우리나라 전선의 대부분을 차지하고 있던 판옥선을 기본으로 하여 만들었다. 거북선은 나무와 얇은 철판으로 배 위에 단단한 지붕을 만들고, 그 위에 날카로운 철침을 빼곡히 꽂아 적군이 배 위로 올라올 수 없게 만들었다. 또한 배의 양 옆으로 22개의 대포를 설치하고 용머리 모양의 선두에도 대포를 달아 성능을 보면 '바다 위의 탱크'라고 할 만하다. 거북선이란 이름은 배의 모양이 거북을 닮아 붙여진 것이다.

한 걸음 더 **역사 정보**

조선의 과학을 이끈 인물들

이순지 (?~1465)

　이순지는 조선 초기의 대천문학자이다. 그는 성격이 세심하고 차분한 사람으로 세종의 명을 받아 역법(曆法)을 연구하여 천문학을 크게 발전시킨 사람이다. 어느 날 세종이 "한양의 북극 출지(북극 고도)가 얼마나 되느냐?"고 물었는데, 이순지가 주저하지 않고, "그 값은 38도 강입니다."라고 대답했다. 세종대왕은 이 대답이 틀린 줄 알고 있다가 중국에서 천문학을 가져온 학자에게 같은 질문을 했다. 그런데 놀랍게도 이순지의 대답과 일치했다. 이후 세종은 이순지를 크게 신임했다. 또한 이순지는 김담, 김조, 이천, 장영실과 함께 세종의 천체 관측 사업에 참여했으며, 김담과 함께 당시 세계적으로도 최고 수준의 역서인 『칠정산 내·외편』을 편찬하였다.

홍대용 (1731~1783)

　홍대용은 조선 시대의 실학자이며 개혁 사상가이다. 1765년 삼촌을 따라 중국 베이징에 가서 서양 문물에 대해 많은 것을 배웠다. 그 뒤 역사·풍속·천문학 등에 관해 많은 공부를 했고, 우리나라 최초로 지구가 자전한다는 '지전설'을 주장하기도 했다. 대범하고 강직한 성품이었던 그는 신분 제도를 폐지할 것을 주장했다. 그의 이러한 사상은 여러 실학자들에게 영향을 미쳤으며 근대 개화사상의 밑거름이 되기도 했다.

이천 (1376~1451)

　이천은 세종대왕과 함께 조선의 과학 르네상스를 이끈 문무를 겸비한 과학자이다. 무과에 급제한 무신 출신임에도 과학과 행정 군사 등 여러 분야에 능통한 사람이었다. 강력한 리더십으로 세종의 천체 관측 사업을 이끌었으며, 장영실 등과 함께 많은 천체 관측기구를 만들었다. 또한 금속을 다루는 기술도 뛰어나 최고의 금속 활자인 갑인자를 만드는 일과 무기 개량 사업을 주도하여 조선의 과학 발전에 큰 공을 세웠다. 장수로서도 뛰어난 능력을 발휘하였는데, 1437년에 평안도 절제사로 있을 때 여진족을 무찌르고, 4군의 설치를 건의하여 이를 실현하기도 했다.

장영실 (?~?)

장영실은 조선 세종 때의 사람으로 천한 노비 출신의 과학자이다. 그는 탁월한 재능과 끊임없는 노력으로 신분을 극복하고 조선 최고의 과학 발명가가 되었다. 세종에게 발탁되어 이천과 함께 천문 관측 사업을 이끌었으며 뛰어난 기술로 큰 공을 세웠다. 대표적인 발명품으로는 1434년 만든 자동 물시계인 자격루와 1441년에 만든 세계 최초의 우량계인 측우기가 있다. 세종 때 만들어진 거의 모든 천체 관측기구들은 그의 기술을 통해 탄생했다.

허준 (1539~1615)

허준은 『동의보감』을 쓴 조선 최고의 명의다. 당시 유명한 명의 유의태에게 처음 의술을 배웠다. 타고난 성품이 너그러워 병들고 가난한 백성들을 돌보는 일에 항상 최선을 다했다. 1574년 내의원 시험에 합격하여 왕실 의사로서의 생활을 시작하였다. 이후 조선의 의학을 집대성할 뜻을 품고 『동의보감』을 쓰기 시작해 16년 동안의 노력 끝에 완성했다. 『동의보감』은 모두 25권 25책으로 되어 있으며 모든 병의 증상을 다섯 가지로 나누어서 항목에 따라 치료 방법을 자세히 기록하고 있다. 『동의보감』은 동양에서 가장 우수한 의학서로 평가받고 있다.

김정호 (?~?)

김정호는 조선 시대 평민 출신 지리학자이다. 어려서부터 지도 제작의 꿈을 꾸었던 김정호는 어려운 가운데서도 끊임없이 노력하여 '청구도(1834)', '동여도(1857)', '대동여지도(1861)' 등 세 개의 전국 지도를 만들었다. 목판으로 만든 대동여지도는 지도를 여러 장으로 인쇄하여 널리 보급하는 데 크게 기여하였다. 대동여지도는 뛰어난 정확성 덕분에 오늘날까지도 많은 사람들의 사랑을 받고 있다. 그 밖에도 김정호는 전국 각 지방의 연혁·산수·인물·지리를 기록한 『대동지지』를 펴내기도 했다.

조선의 알쏭달쏭 과학사

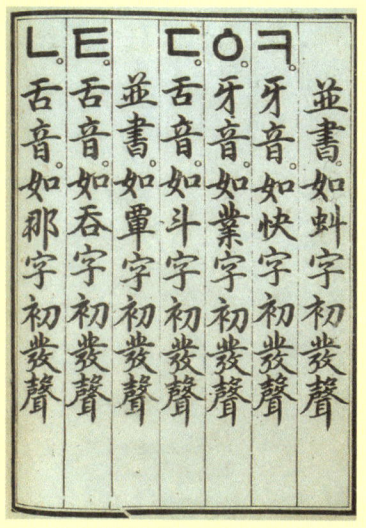

한글은 세종대왕과 집현전 학자들이 함께 만들었을까?

우리나라 고유의 문자인 훈민정음은 세종대왕과 집현전 학자들이 함께 만든 것으로 알려져 왔다. 하지만 이것은 잘못 알려진 것이다. 훈민정음은 세종대왕이 직접 만든 문자이다. 세종대왕은 어려서부터 공부하기를 좋아하여 어느 학자보다 많은 책을 읽었으며, 뛰어난 언어학 지식을 가지고 있었다.

당시 조선은 중국 글자인 한자를 쓰고 있었는데, 이 글자는 몹시 배우기가 어려워 양반들만 사용할 뿐 일반 백성들은 전혀 쓸 수가 없는 문자였다.

세종대왕은 새로운 농사 지식이나 과학 기술을 백성들에게 널리 알리기 위해 책을 편찬하는 것이 가장 좋다고 생각했다. 그러자면 누구나 쉽게 배워 쓸 수 있는 문자가 필요했다. 하지만 새로운 글자를 만들자고 하면 한자를 대국의 글자라 하여 숭상하는 양반들의 반대에 부딪칠 것이 분명했다.

이런 이유로 세종대왕은 신하들 몰래 훈민정음을 연구하였다. 훈민정음 연구에는 세자와 수양대군, 안평대군, 정희 공주 등 세종대왕의 아들딸들만이 참여할 만큼 비밀리에 진행되었다.

마침내 1443년 훈민정음을 완성한 세종대왕은 성삼문, 신숙주 등 젊은 학자와 함께 훈민정음으로 된 책을 만드는 일을 시작했다. 그러자 예상했던 대로 신하들이 강력하게 반대했다. 반대에 가장 앞장선 것은 집현전의 원로 학자들이었다.

하지만 세종대왕은 이들에게 굴복하지 않았다. 세종대왕은 반대하는 신하들을 감옥에 가두면서까지 훈민정음을 보급하는 일을 밀고 나갔다. 이렇게 하여 우리 민족 고유의 문자인 한글이 탄생하게 되었다.

거북선은 정말 철갑선이었을까?

　임진왜란 당시 왜군의 기록을 보면 '거북선은 철갑과 같이 단단하여 아군의 조총이 어떻게도 피해를 끼칠 수가 없었다.'고 씌어 있다. 그렇다면 임진왜란 때 왜군을 벌벌 떨게 만들었던 거북선은 정말 철갑선이었을까?

　당시 우리나라 전선의 모습은 밑이 편평한 판옥선이었다. 거북선은 이 판옥선 위에 단단한 나무로 지붕을 덮어 만든 것으로 가시처럼 생긴 쇠못을 빼곡히 박았다.

　당시 일본 수군의 전술은 배를 가까이 붙이고 적의 배로 넘어가 직접 무기를 들고 싸우는 것이었다. 칼을 쓰는 것에 익숙한 왜군들의 특징을 보여 주는 전술이다. 거북선은 이를 대비하여 개발한 것으로, 왜군들이 배 위로 뛰어오르지 못하도록 지붕을 씌우고 그 위에 날카로운 쇠못을 촘촘히 박은 것이다.

　이순신 장군은 여기에 대포를 단 용 머리 모양의 선두를 만들고 배의 양 옆에도 22개의 대포를 달았다. 이렇게 만들어진 거북선은 돌격선으로 적 선단 깊숙이 들어가 사방

대며 적을 혼란에 빠뜨리는 역할을 했다. 왜군은 거북선이 가까이 다가와도 날카로운 못이 지붕을 덮고 있어 배로 넘어가 공격할 수가 없어 속수무책으로 당할 수밖에 없었다. 그야말로 거북선은 바다 위를 떠다니는 탱크였다. 그 뒤 거북선은 지붕에 얇은 철판 조각을 덧대어 붙여 좀 더 강하게 만들어졌다.

대동여지도는 김정호가 직접 돌아다니며 만든 지도일까?

우리나라 고지도 중에서 가장 유명한 것은 김정호가 만든 대동여지도이다. 이 지도는 우리나라 전체를 한눈에 볼 수 있도록 만든 전국 지도이다. 전해지는 이야기에 따르면 대동여지도는 김정호가 전국을 일일이 걸어 다니며 측정하여 만들었다고 한다. 하지만 이는 모두 대동여지도의 우수성을 알리기 위해 꾸며 낸 말로 잘못 알려진 것이다.

우리나라를 대표하는 지리학자인 김정호는 평민 출신이었다. 그는 어려서부터 지도 제작에 관심이 많았지만 신분이 낮았던 까닭에 나라에서 아무런 지원을 받을 수 없었다. 따라서 당시의 교통편이나 김정호의 이러한 처지로 볼 때 전국을 일일이 걸어 다니며 지도를 제작하는 것은 불가능한 일이었다.

그렇다면 김정호는 어떻게 수많은 정보가 필요한 전국 지도를 만들 수 있었을까?

김정호가 대동여지도를 만들기 전에도 우리나라에는 많은 지도들이 있었다. 하지만 이 지도들은 소수의 관리나 학자들만이 볼 수 있었다.

김정호는 나라가 발전하려면 정확한 지도를 널리 보급하여 각 지역의 정보를 누구나 쉽게 알 수 있어야 한다고 생각했다.

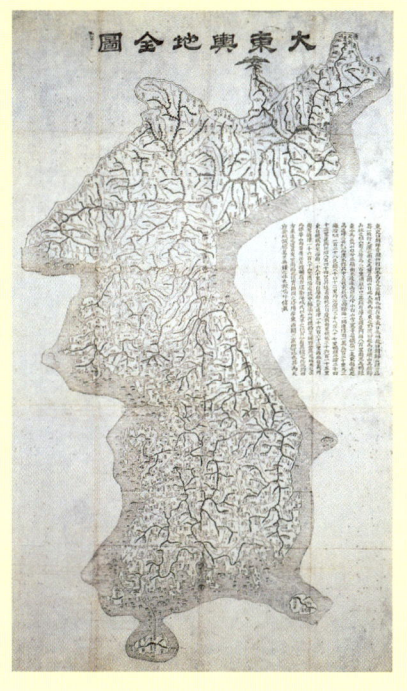

그러므로 김정호가 지도를 만들기 위해서는 기존에 나와 있는 지도를 한데 모으는 일이 필요했다.

이 일에 가장 큰 도움을 준 것은 당대의 최고 실학자였던 최한기였다. 최한기는 어려서부터 김정호를 잘 알던 사람으로 지리학에도 상당한 지식을 갖고 있었다. 그는 김정호의 재능을 알아보고 아낌없는 지원을 약속했다. 이런 최한기의 지원으로 김정호는 당시의 여러 지도를 얻을 수 있었고, 각 지도의 내용을 철저하게 분석하여 지도를 만들 수 있었다. 즉, 김정호는 당시에 나와 있던 지도의 내용을 분석하여 하나의 체계로 통일하고, 실제 사용하는 지명과 지역 정보를 실어 정확한 지도를 만들었던 것이다.

대동여지도는 거리를 일정한 비율로 축소한 축척법을 사용하고 있으며, 인쇄하여 널리 보급하기 위해 목판으로 만들어졌다. 또한 대동여지도는 지도를 22개 구역으로 나누어 각각 필요한 부분만을 따로 떼어 휴대할 수 있게 아주 과학적으로 되어 있다.

사진 제공
국립중앙박물관
열린서당